Maurice de Temdemnou II

Les Tuyaux

(Nouvelles)

ISBN : ISBN: 978-9956-0-9827-9

Les Tuyaux

(Nouvelles)

<u>Du même auteur</u>

- Les racines (recueil collectif de poème) ,4eme prix au concours d'art, Musée des civilisations de Dschang, 2014

- Poésie sur brûlis (recueil de poème collectif), Edilivre, Paris, 2015

- « L'écriture populaire dans Les Femmes mariées mangent déjà le gésier de marcel Kemadjou Njanke » *in* Alain Cyr Pangop, Les 20ans d'écriture de Marcel Kemadjou, Yaoundé, IFRIKIYA, 2016

- les représentations symboliques du raphia farinifera chez les GRASSFIELD Cameroun, Master II : université de Dschang, 2015

TIG Editions

Phone: 00237 693 553 904
E-mail : tig.editions@gmail.com

www.tig-books.com

Epigraphe

«Le livre, qu'il soit littéraire, fonctionnel ou utilitaire, n'atteint sa plénitude que lorsqu'il se trouve à la portée de son destinataire, le lecteur potentiel ou réel »

Pierre FANDIO, critique littéraire

Dédicace

A ma mère Noudiedie Suzanne, Epouse TEMDEMNOU FONDJO Maurice, Roi des Fotouni, 2011

Préface

De tous les temps, les êtres humains ont sans cesse été confrontés à des situations compliquées de la vie. Certaines fois, elles peuvent prêter à sourire, mais elles peuvent également tourner au drame à d'autres moments.

Dans le recueil de nouvelles *Les Tuyaux* certaines de ces situations sont explorées. C'est le cas notamment dans « Matricide » où le désamour du peuple face à un élu peut conduire au destin tragique d'une veuve ; ou encore dans « La Disgrâce », avec les déboires sentimentaux de Grâce et son impuissance face à la mort de son prétendant…et dans une moindre mesure, les débordements sexuels lors des compétitions sportives, dans « Pilule du lendemain ».

Heureusement, quelquefois, l'espoir qui se profile à l'horizon permet de croire encore en la générosité du genre humain. C'est le cas de la famille Kankop qui doit rester soudée face à l'enlèvement de leur petite fille, ou encore de la famille Motsébo qui est récompensée par sa foi à travers la protection d'un serpenteau totem…

Plongez dans les « TUYAUX » de Maurice De Temdemnou II et laissez-vous guider par ses personnages attachants, au fil des nouvelles, vers un voyage à travers les méandres de la vie.

Agréable lecture à tous !

Edwige JIOTSA
Écrivaine, Directrice du laboratoire des mots,
Vendée, France

= I =

MATRICIDE OU LE PORTE-MONNAIE DE L'ETAT

La conviction qui s'était emparée de veuve Mengue était que son fils avait été tué quelque part. *La mère de son excellence* comme ses frères Ewondo ou les gens de la tribu Mbo dont elle était la bru, couramment la désignaient.

Le rang social de son mari, de façon posthume, continuait d'encenser la vie de la famille entière. Ses orphelins montaient en puissance et devenaient d'augustes commis de l'Etat eux aussi, du moins pour celui à qui le père avait légué et son héritage et son nom juste en greffant un additif de ''Fils''. La différence est simplement qu'à l'époque où le père servait l'administration gauloise dans tant que tirailleur, puis gardien de la paix, ensuite commissaire spécial sous le giron du premier gouvernement noir de Camaroes. De nos jours, le nom de ce dernier chez les jeunes est méconnu. Mal connu de toute façon. Peut-être logique ; un énorme serviteur de la nation dont les reliques n'ont jamais connu la terre de ses ancêtres.

Le fils du commissaire, le seul d'ailleurs, et ses sœurs occupaient comme leur père d'honorables fonctions. Ayant eu les prérogatives de prestigieuses écoles de par le monde, sans compter les tâches nominatives. Et de bureau en bureau ils faisaient nidation et muaient successivement. Faut-il aussi rappeler les faveurs des syndicats pré indépendance, les postes au fameux parti unique redimensionné PUR né des cendres du parti unique postindépendance de la 1ère République ? On aurait parlé de surprise si ce socle familial n'eût pas conduit le fils à la même loge sociopolitique. Militant convaincu lui aussi depuis son retour de l'Université d'Oxford.

Il avait en mémoire, de longues années après la voix d'un certain Bandolo H. qui depuis les studios du Poste Nationale avait déclamé le décret présidentiel qui devrait le percher à ce prestigieux poste du toit de l'Etat. Bassek Ba Kobio sur un limbe de <u>Les eaux qui</u>

<u>débordent</u> dégage quelque chose du genre dans ce genre de contexte, les ascendants de sang bleu resteront des privilégiés, de plus en plus riches tandis que les enfants bercés dans le couffin de feuillage ont toutes les chances pour demeurer pauvres sur plusieurs générations jusqu'au break. Celui du feu notre ex haut fonctionnaire, venait de rembourrer le strapontin de ministre de l'Energie et de l'habitat, poste stratégique aux yeux du pouvoir de Bamenda qui sobrement exprimait que les questions d'énergie et d'habitation étaient sans doute, prioritaires pour un Camaroes, il y a plus d'une vingtaine d'années avaient arraché son autonomie. La confiance que le pouvoir précédent, colonialiste, et celui-là avait accordé au commissaire Paul Noumbissi amenait à en faire autant au ministre Paul Noumbissi Fils. On le fit passer à revue maints ministères au fil de maints remaniements. Il était rentré à la case de départ. C'était le tout premier ministre de l'énergie et de l'habitat.

Comme chaque fois, chaque amendement de l'équipe gouvernementale, les motions de soutiens pleuvaient sur la province de Bamenda, dénomination de l'ancienne province du Grand Ouest qui s'était éclaté en trois provinces.

Bamenda chef-lieu de l'ex macro province était devenu chef-lieu de la nouvelle province éponyme sans arrêter d'embusquer les institutions de la république. Alors cette fois sa nomination était spéciale. Les lettres de déférences convergèrent des peuples Mbos, Bamilékés. Noumbissi Paul Fils était le seul originaire de l'une des trois filles de l'ancienne province du Grand ouest. Il était donc le seul natif de la province de l'Ouest dont le gouverneur résidait à l'entrée nord de la métropole Bafoussam. Province multi-tribale. Le commissaire était né à Mboébo dans l'arrondissement de Kekem au sud du département du Haut-Nkam où habitent les Mbos dont les cousins germains occupaient les plaines du département du Moungo. La grande superficie du Haut-Nkam regorgeait les Bamiléké. Le moins qu'on puisse dire c'est que la coexistence entre ces deux tribus était plutôt pacifique. Chose qui traduisait la confluence des motions de soutien en convergence sur la capitale politique du Camaroes, Bamenda. Le parti unique reformé, simultanément perdait et gagnait l'expansion. Les gens de l'Ouest jugeaient que leur représentant au gouvernement s'était amenuisée, et déconnaient, voulaient convoler avec l'opposition Sdfiste. Cependant, à certains endroits le contraire s'observait, la timide prolifération avait pour but d'empêcher qu'au prochain gouvernement, l'Ouest soit effacé.

Contre effet, les frères Ewondo de veuve Noumbissi née Mengué Frénéca se manifestaient presqu'insensibles vis-à-vis de Noumbissi Paul Fils. Au conseil des ministres siégeaient plusieurs Vogt Ada, Vogt Atangana, des Nkoldongo etc. Néanmoins, le pouvoir de Bamenda avait subtilement su contenter tout un inattendu faisceau tribal dans la nomination du fils du commissaire.

Malheureusement le séjour de Paul dans ce ministère se profilait être les moins heureux. Un virulent slogan de "Rigueur et moralisation" bouillonnait à Bamenda. Le bouillonnement atteignait les cent degré. Le paroxysme. Les écarts de gestion auraient fait le trop plein. Un mandat de huit ans séparait le pouvoir de Bamenda de l'expiration de cet autre mandat. Ce mandat vouait se terminer sous de nouvelles auspices, sous un nouvel ciel au propre comme au figuré. Le transfert des chancelleries et autres hautes institutions pour Ongola traversait les rives du simple projet pour se montrer praxis. Le vieux rêve du pouvoir de Bamenda devra-t-il se nicher dans cette capitale provinciale qui comparativement au gabarit d'un siège des institutions donnaient toujours une allure prélogique, avec son land scape très montagneux. Or ce transfert ambitionnait une émergence pas trop distante des champs Elysées ni de la Maison Blanche. Ça ne paraissait pas du tout trop utopique. Le Nigéria ou la Côte de l'éléphant avaient déjà expérimenté avec succès de tel déménagement-réaménagement. Cependant la formule "rigueur et moralisation" tacitement, s'entendait décourager les adeptes des distractions des budgets ministériels, des marchés publics non seulement mais aussi et surtout soustraire les finances publics qui faisaient osmose dans les comptes privés. C'était la seule solution à l'équation du fameux projet du transfert de la capitale. La tâche s'avérait lourde, l'enrichissement de la noble classe s'était pourtant réalisé aux yeux de Bamenda. Plus, quand ce projet était déjà annoncé, peut-être Bamenda-même y croyait peu. Peut-être aussi le réaménagement annuel des ministres dans l'actuel cabinet de S.E Paul Noumbissi Fils avait pour objectif de chercher celui qui puisse donner à ce projet une véritable impulsion. Une parenthèse ; lors d'un voyage officiel en France, le Ministre faillit piquer un infarctus pour n'avoir pas été appelé *Son Excellence*. Son homologue strasbourgeois le ramena à la logique en lui soufflant que seul les diplomates bénéficient de ces civilités ; qu'ils soient à tout temps ou pas; les chefs d'Etat, les plénipotentiaires, les hauts prélats, les ministres des relations extérieures. Ah, lui avait répliqué le S.E. Paul N. Bon !

Parenthèses fermantes. Le retour de Paul au ministère semblait la clé. Il eut fait de bonnes actions dans ses premières heures dans ce cabinet. La naïveté sûrement avait joué en sa faveur et en sa défaveur à cette époque. Les valeurs d'Oxford digéreraient encore en lui et le retraçage de la capitale politique Bamenda et les autres capitales provinciales sont de probants souvenirs. Il passait pour la personnalité nécessaire pour retracer Ongola.

Le sexagénaire malgré ses deux décennies de pèlerinage gouvernemental restait le benjamin d'âge de l'équipe. Loin s'en faut, la satisfaction de Bamenda était domestiquée ailleurs que dans le pseudo-paradoxe du plus jeune plus ancien au conseil des ministres. Ne nous voilons pas le front, Paul était le bilinguisme personnifié. Avant l'exil académique à Oxford, Senghor était sa petite désignation au lycée. L'élève de Tle D ne ménageait aucun effort pour éviter d'offusquer Rabelais ou Vaugelas. Tout en appréciant Paul le lycéen, Mendo Zé dirait de Son Excellence Paul Noumbissi Fils que Bamenda placardait comme français-anglais incarné a contrario est un diglossique chez qui Oxford avait mis mal à l'aise le français emmagasiné depuis sa prime enfance, qu'il parlât un *français mbo'itique* et parfois un *français oxfordique*.

De cette prime enfance au cabinet ministériel, veuve Mengué n'avait accordé aucune mise au vert à celui qu'elle appelait *mon petit Paul* ou *mon mari*. Le crépuscule de ses quatre-vingt ans n'avait pas pu sevrer Paul de la tendresse maternelle. Elle lui répétait que c'est par lui qu'elle eut appris à cesser de laver un garçonnet.

En retour, Paul remboursait à sa mère tout ce qu'a besoin la maman chérie d'un ministre. Même en présence de sa bru, sa langue ne fourchait pas à dire autre chose que "où est mon petit Paul ?", en lui rappelant qu'elle eut de sa vie deux nounous tous des Paul. La mort avait fait la jalousie sur l'un, le père. Mais elle continue à tout payer pour garder le Fils sous les bras de qui elle entre-lassait son bras pour honorer certaines sorties de couple. Les noms patronymiques en donnaient raison cependant l'autre madame Paul laissait toujours les fuites de jalousie, toujours dévorée par la folle envie de dire laisse mon Paul Noumbissi, le tien vit au caveau.

L'émulation de la veuve se cryptait tout de même par l'émulsion la vieillesse luxueuse dans laquelle elle pataugeait. Une imposante berline noire qui assurait sa locomotion à Kekem comme sur le diamètre provincial ou national avec un chauffeur dont le portefeuille hébergeait toutes les catégories de permis. Deux ménagères.

La trouvaille entre ces jeunes dames après leur BTS de la prestigieuse Université St Siantou, assurait complicité et bon ménage. La native du Haut-Nkam, blanchisseuse chevronnée vaquait à la vaisselle, lingerie, entretien des carreaux tandis que l'autre diplômée, maître d'hôtel de son statut, avec doigté, n'ignorait rien sur le rôtit de porc-épic, le *kwem-sans-sel*, le Kock et surtout l'emblématique koki qu'affectionnaient veuve Mengué. Ce n'est pas un hasard si elle a bien voulu les services d'une Vogt Ada. Pas n'importe laquelle. Avec Bac+2.

Côté salaire, elles n'enviaient aucunement leur promotionnaire enrôlées dans les hôtels deux étoiles. Le pick-up HILUX double cabine que conduisait le jardinier leur servait aussi de moyen de déplacement. Surtout lorsqu'il fallait aller chercher du poisson vivant dans les étangs pour qu'il vienne mourir dans les congélateurs. Les pisciculteurs ne faisaient aucun cadeau aux émissaires de maman excellence. Elle n'était pas férue de la charogne des maquereaux avariés des frigidaires du marché. Alors, les ménagères arrimaient toujours trop les congélateurs tout en sachant que les poissons asphyxiés au congélateur depuis un mois ne passaient pas sous la dent de *Madame*. Sans plainte, elle les laissait rentrer chez eux avec. Les fruits aussi. La confiture aussi. Le lait aussi. Les liqueurs aussi. Sous instruction de son Paul, aucune provision de plus de deux mois après fabrication n'avait accès à sa digestion. Sous peine d'accélérer la vétusté de ces cellules ou de leur causer entorse.

Après le culte du dimanche, lorsqu'un mois avait connu son trépas, l'ancienne d'église se résolvait à débarrasser ses garde-manger de leur contenu. Jusqu'au riz long-benz. Le riz de la plaine de Mbo que l'on labourait aux larges de Santchou, maman excellence quelque fois en goutait, pour le plaisir des riziculteurs de sa contrée.

Pour ceux qui avaient coutume de fouler les pavés de la cour de la villa de maman excellence, ça se savait que d'autres céréales exotiques s'y consommaient. Elle était friande et du fonio sénégalais, et de millet canadien, et du *kamut* turque, et du *petit-épautre* méditerranéen, et de l'amarante bolivien, et le *guinon* péruvien, et …le couscous de ces céréales somme toute de petit grain minuscule sur sa table se préférait à celui de maïs de Kekem.

Les huiles végétales avec lesquelles *son petit Paul* l'arrosait repartait parfois sur la trace des poissons dits "gâtés", malgré la mention *sans cholestérol*. Sur l'huile d'olive, elle gardait quand même un œil vigilant. Elle n'avait pas tout de même perdu la saveur de l'huile de palme. Le *koki* des Mbo en demandait mais pour la confection du *kock* ou du *Kwem*, les noix "américa" passait sous l'enclume du pilon sur le mortier. La fille du BTS devrait, en parfaite Ewondo, être sans excuse pour ignorance ou indélicatesse culinaire. Les cultures engraissées alors, carton rouge ! Rien que les denrées naturellement labourées. Loin des OGM.

De quoi assurer la survie de la vie orangée. La vie couleur du crépuscule, couleur mandarine. Cependant la jachère sentait à l'horizon. L'octogénaire reniflerait des situations périlleuses.

Le slogan "rigueur et moralisation" se martelait à toutes les sorties du pouvoir de Bamenda. Une liste des nominés de la trame de certains membres du gouvernement et directeurs généraux de sociétés citoyennes et grandes écoles. Ce slogan était doté d'une double mesure: curatif ou profilaxique pour des gangrènes comme Paul et préventif donc un vaccin pour tout ce qui devrait être juché à un quelconque haut poste par élection ou par nomination. De la liste des cent présumés au *short list*. Paul Noumbissi Fils était toujours cramponné au hitparade.

Très naturellement, la veuve lisait les présages. Partout où elle se rendait, une variété d'insectes lui passaient sous les jambes. Elle n'était pas attentive au départ mais la fréquence à de différents lieux et localités, les mêmes scénarii se tissaient et l'obligeait à ouvrir un regard superstitieux. L'interprétation confiée à son chauffeur était que quelque chose de pas heureux la suivait. D'avantage après d'autres grilles de lectures, elle soutenait que ces espèces de grosses fourmis aux gros abdomens étaient toujours ailées de la guigne, et sans doute parlerait d'un garçon. Des semaines après, elle continuait à arguer que ces bestioles passaient toujours et toujours de son dos au-devant. Conclusion, il s'agirait d'un garçon sorti de son sein. Et comme une seule fois elle est sortie de la salle d'accouchement avec un garçon, il s'agissait sans complaisance de son Paul. Coïncidence chez ceux qui lui roucoulaient ces supputations que la presse faisait avec le nom de Paul à la une.

Son tourment prenait de l'épaisseur. Le sommeil, elle en perdait bilatéralement, c'est à dire sur l'abscisse de la nuit comme sur l'ordonnée de la journée. Et les cauchemars faisaient leur comptoir où ils étalaient un homme, proche à elle, endurant remords et misères. Parfois, elle s'en extirpait de force vers le seuil de l'éveil, dans l'espoir de voir le visage de l'homme. Au réveil tout se stoppait. Ceux à qui elle narrait tantôt parlait de son époux dont le repos n'était pas heureux hors de son pays, suites aux affaires de putsch qui avaient ponctué sa vie, tantôt du reflet de ce à quoi elle meublait ses réflexions. Très rapidement, elle remit les fleurs que son mari admirait, aux endroits appropriés. La situation semblait plus exigeante que cela.

Des mois après l'arrestation de ces personnalités de la *"short list"* fut publiée. Suivit leur passage devant le juge d'instructions. Le filtre juridictionnel retint parmi ces gens trois personnalités redoutables : une avocate aux Barreaux, un évêque, insurrectionnel vis-à-vis de Bamenda, et Paul Noumbissi dont on disait être un fin protégé du pouvoir, vu sa longévité dans le gouvernement, de cabinet en cabinet avec variation de portefeuille et surtout son retour à l'hyper stratégique ministère de l'Energie et de l'Habitat, auquel intitulé venait reposer l'adjonction de "...Et du cadastre" et avec suspension de la première coordination.

Le déplacement de ce dernier symboliserait le déplacement par ajout des responsabilités du nouveau ministre. Leur déferrement ne tarda plus.

La presse avait ainsi de quoi remplir ses colonnes. Mais Paul fit suspendre de l'antenne parabolique toutes les radios et télévisions susceptibles de renseigner la vielle. Les employés de la maison étaient mis sur leur garde, car Paul ordonna de ne pas informer sa mère et que si cela arrivait à son savoir, ces hommes et femmes de main perdraient leur emploi. Ils se battaient donc autant que faire se peut à entretenir dévier les nouvelles que la pauvre veuve simulait par le truchement de nombreuses rumeurs, peu démentis. Son docteur lui aussi surveillait la tension artérielle comme le maïs frais à la braise. On tenait à lui dire que Paul était en mission au pays des blancs parce que la période mensuelle à laquelle il retournait toujours la voir à Kekem se succédait sur des ans, sans Paul.

Ses numéros portables la renvoyaient toujours farouchement au répondeur. Il aurait fallu cette incarcération pour que les uns et les autres se rendent compte que les derniers dix ans du pouvoir de Bamenda roulaient sur le toilettage des moralités et l'exhumation de la déontologie. Au début, l'on disait que Paul était le fils d'un ancien honnête serviteur de la nation, que celui-ci et sa femme étaient de vertueux anciens d'église.

Les chefs d'accusations pour les trois personnalités surprises étaient en grosses caractères sur les premières pages des journaux comme le bureau d'un ordinateur. On reprochait à l'évêque l'enrichissement illicite, détournement des quêtes et budget des nombreux projets de l'église. Il était propriétaire d'une marque de station d'essence sur le territoire nationale et continuait à répandre les agences de sa quincaillerie sur l'étendue du pays voire en sous-région. A l'avocate, fille de père de l'indépendance, premier locataire noir du palais de Bamenda, on reprochait d'avoir orchestré agitations suivies de la collecte des sous dites "don de cœur" pour le rapatriement des restes de l'ancien chef d'Etat. Et le cœur du ballot, le cas Paul Noumbissi les régulières coupures d'électricité, d'eau, la raréfaction du gaz domestique et le chantier de la construction du nouveau palais présidentiel en prélude du transfert de la capitale à Ongola. C'était même, parait-il l'objectif de son retour dans ce cabinet ministériel. Mais depuis lors le maître d'ouvrage avait bloqué le chantier à la fondation.

La dupe au sujet du nouveau palais présidentiel à Ongola faisait les fourrages de la presse. Le pouvoir politique de Bamenda choisit de passer à d'autres vitesses. Il déménagea sans crier gare du siège des institutions pour Ongola. Loin de ce que les journaux titraient «le déménagement clandestin du pouvoir politique ». Le président avait déguerpi le gouverneur de la province du Milieu basé à Ongola pour déposer ses valises dans ces lieux en attendant que les murs de son palais en chantier sortent du sol. Sans aucune honte. Le gouverneur s'était retourné vers le préfet et ainsi de suite la rétrograde s'opérait.

Sans trop attendre, Ongola reçu son premier conseil de ministres. Au menu principal la *"short list"* suite. Le détenteur du pouvoir avait de la peine à cacher sa mine de plus en plus enragée. L'itinéraire spécial du dossier du fils du commissaire spécial *translucidait* l'état d'âme du pouvoir qui convenait d'être appelé d'Ongola. Le bleu-ténèbres se faisait avec hyperbole ressentir dans le ton lors de ce conseil de ministres à Ongola. Le gouverneur avait toléré les coupures d'énergies vitales mais le président souffrait à supporter dans ce logement indigne au regard de sa personnalité pourtant les souches partout montraient les signatures du ministre Paul qui avait bel et bien émargé et déchargé les ressources financières ci et là. Il n'y avait pourtant pas de délestage sur la conduite de "rigueur et moralisation". Tant mieux pour ceux qui s'étaient enrichis avant ce coup de théâtre. Tant mieux pourquoi pas pour ceux qui s'étaient réfugiés à l'outre-tombe. Toujours la vague du ministre Paul avait l'infortune de payer les pots cassés.

Le gouverneur de Bamenda quant à lui, était aux anges dans ce palais huppé hérité du déménagement clandestin du pouvoir pour Ongola. De quoi ses collègues d'autres provinces devraient l'envier absolument. Un gouverneur dans le plat d'un chef d'Etat. Contre un chef d'Etat dans l'exigu logis d'un gouverneur. De quoi crever le furoncle de la colère trop fermentée.

Les colocataires de la cellule de Paul, le voyant trop sourciller essayaient de le combler de conseils. Malencontreusement, il rétorqua à la première qu'avant de le conseiller de faire des recours, d'en faire elle aussi légalement, pour offrir à son père un ultime éternel et paisible repos dans la province Peul. Au deuxième, il s'esclaffait en rétorquant qu'avant de lui recommander prière et prière d'en faire à Dieu qu'il aurait aussi offensé en confisquant la collette faite par les ouailles pour l'édification du temple. Ainsi, il sera pardonné et le pouvoir d'Ongola le confessera. Un silence bétonnait le prélat.

Paul encore présumé accuser d'extorsion de pécunes publiques, d'abus de confiance envers le pouvoir de Bamenda au sujet de l'affaire ou immobilier du palais présidentiel, pronostiquait déjà son transit pour Hauswitz (un bagne réputé pour la torture, comme Tcholiré jadis vécu par Mgr Albert. Ndongmo) d'autant plus que les manœuvres judiciaires, au fond n'étaient que de simples formalités. Coute que vaille, la destination des personnalités dites "présumées coupables de x ou d'y" se voyaient écrouer dans redoutable maison d'arrêt. La détention préventive n'était que bluff. La grandeur de ces cous plissés s'écroulèrent en prison comme un château de cartes.

La conférence des ministres accoucha donc

d'un nouveau présumé accuser : le directeur de du prestigieux Hôpital militaire. On lui admonestait d'avoir implanté dans son établissement une sale besogne de vol d'organes. Un trafic de sucre et de lucre. Tous les patients qui s'y présentaient pour quelque problème que ce soit passaient sur la table d'opération. Luxation au genou, bistouri à l'abdomen. Cataracte, anesthésie puis bistouri saucissonnant sur le ventre. Les patients se plaignaient toujours qu'après les sutures quelque chose avait disparu dans leurs boyaux. Le rein était le plus prisé. Bien avant son procès, on l'annonçait déjà dans les crocs de la célèbre prison. *La prison des princes* dit-on, des intouchables capturés.

Derrière Paul deux veuves se lamentaient. Deux mesdames Paul Noumbissi. La vraie, convaincu que Paul aurait été rattrapé par la mort au pays des blancs où il serait en mission. La jeune, sachant la vraie histoire. Aucun de ses numéros de téléphones portables n'étaient accessibles. Le principe d'Hauswitz de Tcholiré dans la Province Peul dépossédait tous ses locataires des outils de cet acabit dès leur admission. Hauswitz était un îlot pour tout dire.

Après le culte d'un dimanche, via le combiné public de cet îlot, Paul joignit la villa de sa mère. Les deux veuves se discutèrent de répondre. Paul fut stupéfait que sa femme avait abandonné leur résidence de Bamenda où elle était pourtant sur traitement pour rejoindre sa belle-mère à Kekem. Pourquoi tout le monde quittait Bamenda ? se demandât-il. Le chef de l'Etat, les femmes. Il crut que le Lac Nyos, situé dans les parages de la capitale avait émis des signaux d'avertissement.

La grande veuve ne voulut pas échanger avec lui en français ni en pidgin. Les oreilles de ses colocataires étaient à l'affut de toutes nouvelles. Elle voulut lui faire des confidences mais elle entendait en sourdine la voix du prélat. Paul lui cracha la vérité selon laquelle il était en détention parce qu'une bagatelle de billet de banque lui avait été ravie dans l'avion lorsqu'il retournait de la mission dont elle avait eu vent. Il lui disait que la somme était doublée d'une infinie suite de trois zéro. Et il avait préféré aller en détention pour mieux y voir claire et éviter la colère des jaloux gens, viriles en vindicte. Sa conviction, la pauvre passa le relai à sa bru de coépouse, les sanglots des deux se communiquaient.

Les jours d'après c'est la jeune qui rappela avant de passer la vieille. Elle demanda de lui passer les colocataires à qui elle demanda de se retirer très loin afin qu'elle puisse donner son testament à son fils. Le prélat invita les autres à obtempérer. Chose faite la vieille fuites de CFA.

Chose étonnante, les mois d'après, Paul rappela, au bout du combiné, il ne fit aucune constatation de dispute de qui va répondre la première. La jeune des dames Paul Noumbissi avait la parole sous une voix convalescente, entièrement chevrotante.

- Et maman, demanda Paul ?

- Sanglots. Pleurs. Hoquets. Il se peut que votre conversation de la dernière fois l'ait traumatisée. Juste après elle avait glissé sous deux semaines de coma.

- Et… Et alors… Et alors… éructait Paul.

- Ça c'est mal dénoué. Elle répondait sous des gloussements. L'enterrement n'a pas tardé.

- Et sa dernière volonté ? Qu'a-t-elle dit pour moi ? Oui pour moi. Hein ? Hein ?

- Elle a dit que… Que toi… Toi…

Matricide

- Quoi ? Infarctus ? Hein ?

Des larmes, un robinet de liquide citrin dégoulinèrent dans les jambes de Paul comme celles d'un môme.

= II =

ENLEVEMENT DE MINEURE

Reine Noudiédié, princesse Nowang et première épouse du chef du village, en grande sage avait coutume de dire que « lorsque quelqu'un a un différend avec un individu, le problème peut être d'un côté comme de l'autre, mais lorsqu'il l'a avec tout le monde, il est clair que c'est lui-même le problème ».

S'il y avait une distinction ou une médaille à glaner, le couple Kankop ne discuterait avec aucun tiers de la gente humaine de la planète terre. Comment se fait-il que deux personnes consciencieusement unies devant le maire, la madone et les hommes, vingt-six sur trente jours sur l'épi du mois, se ratissent problème sur problème ? Le major de leur promotion en termes de discorde. Les anneaux à l'assaut de leurs annulaires ne les empêchent guère. Toujours à se baigner dans du tohu-bohu, toujours à se jouter, des cartels de biceps comme des lèvres. Des tumultes qui font couler sueur et larme. Et ce qui ne cesse de fâcher c'est qu'ils polluent la tranquillité du voisinage qui ne demande qu'à dormir en paix, en paix et rien qu'en en paix chez eux.

Lundi, nous étions astreints de renoncer aux charmes de Morphée pour nous rendre encore chez les kankop, séparer les disputes. Pour accéder à leur nouvelle clôture, ce ne fut pas une ballade de gala. En levant ce rideau de béton, à la hauteur d'eucalyptus, ce couple entendait faire frontière aux enfants du voisin qui y venaient faire le *dongmangolo* pour dire la mendicité, ou ramasser les avocats que le vent décrochait de l'arbre   qui donnait ses branches les plus prolixes   au   voisin.   Les   Kankop   étaient impuissants à interdire leur avocatier de jeter les fruits du côté des voisins.

Nous arrivâmes sous ce talus à vingt et une heure, ameutés par les bruits saccagés de la dame, repris en chœur par les enfants, supporteurs N°1 de leur maman. Au quartier on disait *"33 Export de"* pour traduire *supporteur de...*

A vingt-trois heures moins le quart, tous ameutés, nous pûmes convaincre la serrure du portail sans le rétrograder de ses trois tours, puis il restait à implorer la charité du berger allemand. Les batailles s'intensifiaient copieusement, sans penser aux meilleurs moments coïtaux.

Youdom, juriste de son état, s'est sorti de la coquille d'Huissier de justice pour commettre *une violation de domicile privé* en forçant la serrure du portillon. Les cris qui fusaient laissaient croire que c'était une question de vie ou de mort, Youdom nous apprit que si mort d'homme s'en suivait, nous tous les voisins courront une poursuite pour secours manqué à une personne en danger. Quant à nous autres, nous en étions accoutumés depuis leur arrivée au quartier. Seuls les nouveaux venus comme Youdom s'en inquiétaient encore. Mais ils comprendront dès qu'ils verront madame Kankop trainer bientôt derrière un long ventre. On dirait qu'elle était une mante religieuse que la légende accuse de dévorer le mâle après accouplement. Mais c'était plutôt le mâle des Kankop le récalcitrant semblait-il. Youdom n'avait pas tort les *sauvez-moi, au secours* grondaient dans la maison comme un volcan prêt de go. Il fallait vraiment avoir la pierre dans le thorax pour jouer à l'indifférence.

Après que la porte ait cédé, nous crûmes

vivre en direct une partie de lutte sénégalaise gracieusement offerte par *2STV* ou un challenge de catch sur NT1. Nous nous y mêlâmes en arbitres de la séparation, en encaissant les coups perdus, en envoyant à gauche la figure boursoufflure de la dame et à droite les vernes excitées de monsieur sous son poing musclé. Imaginez si nous nous contentions comme au gradin. Jusqu'aujourd'hui personne ne sait avec quelle maestria Youdom dompta le portillon. On dirait qu'il fut un hors-la-loi avant d'entrer dans le creuset de la loi. De la même hargne, il hypnotisa le poing de monsieur.

Les trois enfants Kankop enfermés dans la chambre ressentaient pas moins le giclement des coups, chocs et cris. Et reprenait le refrain de leur mère *tu vas me tuer* en *ne tue pas notre maman. Taisez-vous enfants bâtards* était la rétorque de la grosse voix masculine, incapable de retenir l'égout des larmes puériles.

La dernière fille de la maisonnée, frustrée, blessée dans son âme par cette bagarre de trop déserta l'arène. Une fois l'accalmie recouvrée, la retrouver était un chemin de croix mais nous n'avions pas de choix ; c'était la deuxième mi-temps de notre nuit blanche pourtant de lune dépourvue. Le couple vint à notre rescousse. La dame entonnait de plus belle son refrain de pleurs sans que les traces de l'enfant ne se montrent.

C'est 72h plus tard que nous parvint le message d'un kidnappeur. Nous n'avions pas ressenti pas jusque-là l'alternance des jours et des nuits. Sous le poids de la stupéfaction, jours et nuits avaient fondu sous un même espace temporel. Un espace sous anonymat. Sans nom, continu. Sans bornes, continu oui. Le sms du kidnappeur parvenait sur le téléphone portable de M. Kankop, tour à tour les uns et les autres en prenaient pour faire comme Thomas, pour voir de leurs propres yeux. Personne ne put détecter l'expéditeur. Son identification apparaissait masquée sous le vocable *privé*. Il réclamait une rançon de 20millions, avec un délai de 24h.

Kankop courut alerter le commissaire de la sécurité publique. Avec des éléments super armés, ils firent des tours de la ville. Pendant ces navettes un autre message se signala au téléphone de M. Kankop : « on ne t'a pas demandé de faire l'excursion avec le commissaire et ses éléments   plutôt,   on t'attend avec 20millions dans 20heures de temps, sinon… ». Il se rendit alors à la légion de gendarmerie, contacté le commandant. Son téléphone tinta l'arrivée d'un nouveau message du destinateur, M. ou Mme *privé,* « espérons que tu entres comme ça au bureau du commandant pour emprunter les 20millions-là, en tout cas, il te reste 15h d'horloge ». Ce fut après une grande première de voir le couple Kankop, main dans la main, les yeux dégoulinants, mordant l'escalier du presbytère. Le maître des céans fut interrompu au cours de la prière par le téléphone de M. Kankop : « le prêtre n'a plus la collecte de dimanche. Il faudra que tu y passes dimanche, d'ailleurs ça n'atteindra pas 20millions, en plus que dimanche ce sera trop tard. Retiens qu'il ne te reste plus assez de temps. Après 8h de temps on n'en parlera plus. Ta fille ne sera plus de ce monde. Même en la dépeçant pour la vente en détail, nous nous en sortirons ; surtout q u e les organes des jeunes albinos pucelles coûtent bien chers. Tu as le droit de discuter le prix mais en toute hâte. Le temps presse ».

= III =

PILLULE DU LENDEMAIN

A une célérité débridée, les CHASUP, les championnats nationaux des sports universitaires avaient pris d'autres déclinaisons en s'écartant de sa ligne de mire. L'Institut supérieur Monseigneur Dongmo sous le ciel de l'agglomération de Toutsang avait le privilège d'abriter la première édition de la deuxième génération de ces championnats. Après avoir fait le tour des villes estudiantines habilitées à les recevoir, ces championnats revenaient dans son berceau, celui qui l'eut vu naître.

Le président de l'Institut, vice-Chancellor Ana Clet, un éminent Maîtres de Conférences en Physique atomique, véritablement un haut commis de l'Etat, sous la casquette du président (naturel) du comité d'organisation avait la tête froide pour les innovations qu'il sentait avoir mis dans cette édition postclassique des CHASUP. Il n'entendait forcément pas que son institution se retrouve sur la plus haute marche du podium des métaux le soir de l'apothéose. *L'important c'est de participer claironnait-on.* Pour lui, prévalait d'abord une bonne organisation. La redoutable Université des Sports et de l'Animation avait fait confiscation de la première place depuis longtemps et devrait la détenir encore pour longtemps, sans concession. Le président souhaitait de tout cœur qu'il n'y ait pas de dérapage. Tant pis aux canards boiteux qui pensaient qu'étaient distraits les fonds alloués à la réfection des aires de jeux et infrastructures corolaires. Dans une boue, parlant du climat financier national, peut se loger une nappe d'eau claire, faisait-on allusion au professeur Ana Clet. Pourtant on le voyait jour et nuit superviser les ouvrages d'art.

Visiblement le maximum était fait pour dignement recevoir l'Institut Supérieur du Fako (Fako Higher Institute), l'Institut supérieur de Ngao Ekélé, de Soa, des Mandara, du Wum, du Wouri…les huit universités d'Etat. Leurs homologues privées et confessionnelles à l'instar de l'Université Islamique de la Briqueterie basée à Tsinga ou alors L'université du Couvent devenue l'Université Apostolique du Golf de Guinée.

Les différentes délégations avaient

bénéficié d'un accueil tambour battant à la dimension de l'hospitalité des Grassfield, depuis les entrées Nord et Sud de Toutsang jusqu'au mât sur lequel flotte le vert-rouge-jaune national au Campus principal.

Les allocutions et formalités d'usage avaient tout aussi méticuleusement dessiné la courbe que devraient prendre les CHASUP dont *Catapulte vers l'émergence* était le message officiel, le maitre-mot.

Le logement des athlètes s'étalait dans le campus ré-architecturé et les officiels et la pléthore de délégations officielles dans les motels et hôtels de la place ainsi que dans les localités frontaliers jusqu'à la capitale régionale du Biénam. Ce logement mieux perspicace que les éditions classiques, souffrait quand même d'un gros déficit de ce qu'on aurait escompté. Les caméras étaient heureusement défendues de fourrer leur objectif dans la promiscuité ambiante.

Dès le Play off, les acteurs s'étaient escrimés à reprendre les vieilles habitudes, jadis toujours fustigées dans les éditions dites "du Classiques". Les éditions contemporaines débutaient avec une recrudescence incontrôlable avec trop *d'à côté*, des faits divers auxquels s'adonnaient toutes les parties prenantes des CHASUP ; athlètes, encadreurs, officiels, membres influents des délégations, touristes et les moindres spectateurs. Pourtant la discipline nuptiale ne faisait pas partie des disciplines retenues. Contre toute attente, c'est bien elle qui a fortiori ravissait la vedette des échos des CHASUP en coulisse.

On avait toujours dit que les CHASUP n'étaient pas un dé jeté au "libéralisme sexuel ", mais étant engouffrés d'octobre à juillet voire Août-septembre-pour l'été-, dans la rigueur académique, il fallait se défouler en ces sacrés huit jours, expliquaient les adeptes, sous anonymats aux reporters véreux des médias de tout registre. Ils ne manquent pas d'alibi pour expliquer leur gloutonnerie libidinale. Ah ces sans coût fixe ! Ces amoureux itinérants ! Et ces trempeurs de queue ! Il fallait se demander si pendant l'année académique ces déroutes ne s'observent pas. La réponse est "si" pour la gouverne de la probité. Ces adeptes balançaient des slogans de la "solidarité", de carton rouge aux exclusivismes. Ce qui naïvement laissait imaginer un catholique appel au fair-play ou d'un message contre la xénophobie. Même ceux qui n'avaient pas formé leur duo avant, ne rentraient jamais inassouvis de l'immense marché de partenaires.

D'autres se plaignaient tout le temps du froid. Trop de froid à Toutsang. Il peut neiger dans la nuit, scandaient-ils, les gens venus de la côte et du sahel c'est-à-dire de l'Institut Supérieur des Mandara. Néanmoins les poulains et pouliches de Mbarga, le directeur de l'université des sports et de l'animation de Yaoundé évitaient de trop s'écarter du sujet de l'expédition. Des séances de footing régulières, des réunions d'autocritique d'avant et d'après matchs par atelier. Il savait bien donner la parole à leur talent. *Hit strick* au foot dames ; *Air ball* au basket dame par-ci, *ippon* au judo messieurs par-là, leur talent faisait retentir leur hymne en série, et les médailles suivaient. Les marches du podium reconnaitraient les empreintes de leurs souliers.

Comme tous les autres, ces pensionnaires de l'académie des sports n'étaient pas du tout absent sur la discipline nuptiale. Après les stades, ils regagnaient les vestiaires puis les dortoirs respectifs question de se débarbouiller, de se mettre au chaud. De passer quelques coups de fils aux familles et ami(e)s, de recourir à leur *laptop* pour une note de musique. Certains préféraient la marche avec un baladeur perché aux oreilles. La ballade était également destinée à se trouver des partenaires pour les concerts du soir. Pour aller au barbecue le soir, généralement dans le bazar appelé *Village des CHASUP*. Là aussi, là, les partenaires se récoltaient en pelée. Surtout quand les filles ne s'habillaient juste pour masquer l'aine, le pubis et les mamelons, en exhibant aux yeux tout le reste de leur architecture corporelle. Les regards véreux s'en délectaient à suffisance. Les garçons aux oreilles percées sur le pavillon, pédés dit-on, dieu seul sait ce que ça voulait dire ce mot ; en super taille basse, un vêtir de la mode qui déshabillait la fin de l'échine vertébrale en exposant le haut du talus des fesses. Les chaussures de haute gamme, les basketteurs alors en aggravaient avec leur démarche voutée. Les pauvres stars du stade n'avaient que leur talent pour se tailler une paire de cuisses à ouvrir huis-clos. Les intrus affichaient le lux discourtois et le *Bikutsi* trivial que jappaient les fenêtres de leurs caisses, de leurs véhicules, rectifions le terme. Cambrés dans les habitacles de ses caisses, ils infligeaient des sévices luxueux de luxure aux athlètes égarées de leur QG. Les paires de personnes ne se cherchaient point, ça s'affichait. Ce qui passait pour des paires de copains ou de copines au fond se révélait être des mélanges gay ou ébats de même sexe. Abomination ! Etait encore du libéralisme ça? Ah ces footballeuses ne cherchent pas loin, elles se taillent des partenaires entre elles. Demandons les comptes aux attitudes contemporaines. Intimités pour toutes. Ebats pour tous. Mariage pour tous. Quelle litanie de sottises !

La milice ou police du campus veillait au grain. Les *Casquettes Bleues* comme on les désignait, à la différence des forces onusiennes qui coiffent un béret bleu ciel, ceux-ci ne laissaient aucun endroit du campus sans fourrer leur visière bleu dans tout nid humain. La sécurité était, aux dires de beaucoup d'observateurs, le succès majeur, le record depuis l'éclatement de l'université mère c'est-à-dire l'avènement des jeux-u, surtout des émissaires du ministère de l'enseignement supérieur, de la recherche et du développement technologique. Cependant les balayeurs ou agents d'entretien se plaignaient de la recrudescence des plaquettes de NORVELO de capsules vides de PRUDENCE. Ils crurent au départ à un cachet pour la récupération en calorie que les athlètes tâchaient de prendre. Pardonnez la naïveté de ces agents d'entretien. Tantôt à un stupéfiant. Déjà que sur les lieux de restaurations qui venaient en rescousse aux restaurants classiques de ce campus dits Restos U., on se lassait de voir chaque pouliche prendre un NORLEVO soit avant soit après son repas c'en était légion. On se demandait toujours qu'est ce qui peut se cacher dans cette capsule de médicament à unique comprimé. La question taraudait tant les *Casquettes bleues* que les maîtres de restaurants. On assista à un insupportable niveau où cette question attint les autorités compétentes. Elles firent d'abord un test de dopage à une poignée de consommatrices de NORVALO. Le test s'avéra négatif mais les filles s'abstenaient à dire le bien-fondé de ce comprimé unique.

C'est l'équipe des nutritionnistes appelée en renfort qui révéla aux autorités qu'il s'agissait d'une contraception d'urgence donc un antidote contre les rapports sexuels mal ou non protégés. De toute façon les rapports douteux, développèrent- ils. On ne passa plus par quatre chemins pour comprendre que les filles avaient développé parallèlement à la ruée des métaux à elles instruites par leurs encadreurs, une discipline vachement courue des dessous. Les dessous les CHASUP. Ces encadreurs vecteurs des égarements, eux aussi.

On décida de suspendre les athlètes qui en consommaient mais une enquête ad hoc établie montra que plus de quatre-vingt pour cent des athlètes en étaient fort habituées. On ouvrit grand les yeux sur les filles venues des institutions confessionnelles avec leurs livrets de prières, leurs chapelets ou leurs voiles, abominations ! On ne sut quoi répondre au couvent qui après maintes hésitations avaient acquiescé mettre les moyens en jeu pour que leur pensionnaires fassent leur participation après plus d'une décennie de réticence. Les Casquettes Bleues avaient vu les voiles tomber à des endroits suspects, avec des compagnons suspects.

Faire un sport suspect. Pousser un jubilatoire gémissement suspect. Ils avaient vu des gens qui le jour étaient fières d'être appelés *ma sœur*, mais la nuit refusaient cette désignation qui les dépouillait. Ah, ma sœur on t'a agressée, que font ces trucs sur ton jeans ? Demandait ironiquement une casquette bleue. Qui es ta sœur, si tu es curieux c'est ton problème ; m'as-tu entendu crier ? Tu nous guettais pourquoi ? Tandis que tes collègues séparent les bagarres entre saoulards là au village des Chasup, tu nous guettes jusqu'à dire ma sœur, ma sœur, sommes-nous familiers, n'importe quoi… n'arrêtait pas des vomir les invectives mondaines, la gueule d'une pieuse handballeuse de l'Université du Couvent, prise la main dans le sac. La nuit, le véritable témoin oculaire restait le gros œil de la lune. Des fois, il se fermait sur la nuit par refus de voir agir des sans pudeur, vu des étoffes de voile épouser les compagnies sardanapalesques, des postures réjouissantes, des râles obscènes, des chahuts triviaux. La nuit n'était pas exempte du spectacle que les aires de jeux offraient aux yeux des jours ensoleillés. La nuit n'était pas oubliée bien que des rencontres catholiques ne se livraient jamais en nocturne.

A fortiori, la sanction au sujet de NORLEVO ou pilule du lendemain tomba comme un couperet, de peur d'assombrir le lendemain des CHASUP. On s'était rendu compte que la sanction ne devrait même pas laisser les poulains à l'abri. Les encadreurs craignaient aussi ces éclaboussures.

Les Casquettes Bleues, nonobstant leur large effectif n'arrivait pas à quadriller chaque mètre carré des lieux sous instruction du Président de l'Université, l'impuissant professeur Amaclet qui, était plus que jamais obstiné à laver le linge sale par le truchement des causeries éducatives avec encadreurs et athlètes, des causeries fermées à toute presse, y compris la radio et la presse ordinaires de l'Institut Supérieur Monseigneur Dongmo. Ses prouesses académiques se voyaient maculées de fait divers pour lesquels le président à chaque conférence de presse d'évaluation, mordicus jetait en bloc les démentis.

- Qu'en est-il, Monsieur le président des capsules de préventifs qui emplissent les bacs à ordures ? Rebondit un reporter lors d'une conférence de presse.

- Mon cher ami, vous voyez partout des slogans et messages qui attirent l'attention de tous et de chacun. Les comités de lutte contre les IST font, j'ose croire, leur travail. Ne nous voilons pas la face, aussi qu'on ne recommande pas les activités qui demandent l'usage de ce dont vous parliez, aussi en même temps, le préservatif est universellement reconnu comme contraceptif.

-Monsieur le président du comité d'organisation, pouvez-vous dire que les mesures ont été prévues pour assurer une déontologie olympique ? Sinon que dites-vous des athlètes qui passent leur temps perdu hors des dortoirs, dans les hôtels au centre-ville, dans les chambres des encadreurs et membres de délégation ? Permettez que je chute par les fameux cigles de MST ? Je veux dire les métaux ou médailles sexuellement transmises voire transmissibles? J'en ai terminé professeur.

- Monsieur le journaliste, je voudrais tout d'abord insister, que vous devriez faire mention de votre nom et organe de presse en avant-propos. Je ne vous apprends pas votre métier. Moi je suis physicien de formation, agrégé Ok ? Qu'à cela ne tienne, tous les moyens sont mis en pratique, bien sûr à la limites de nos possibilités pour le strict respect des valeurs olympiques, civiques et citoyennes telles que prescrit le chef de l'Etat, président naturel de notre grand parti. Non pardon, je voulais parler du chancelier des ordres académiques j'ai nommé le ministre de l'enseignement supérieur et de la recherche. Et …Donc on ne peut pas en toutes circonstances, en tous lieux, contrôler les mouvements des individus, ce qu'ils mangent, les musiques qu'ils écoutent, les cigarettes qu'ils consomment. Vous connaissez sans doute le concept de la vie privée ? Hein ? Cela relève aussi de l'ondoyance des hommes. Mais aussi la considération que j'ai pour les uns et les autres ne peut en aucun cas tarir, je dis bien en aucun cas je ne pourrai tolérer ce que vous appelez MST, je vous cite : « médaille sexuellement transmises» car quel que soit la relation ou filiale ou familiale qui lie un encadreur, un officiel à l'athlète lambda, la médaille qui est une récompense méritée doit comme c'est le cas, j'espère, se donner au récipiendaire sous l'arbitrage des spectateurs aussi, je n'oublie pas les médias.

- Merci de m'avoir passé la parole. Moi c'est Paulin Amougou de "CRTV -SPORT tv" Alors quelle appréciation faites-vous, Monsieur le PCO, de l'arbitrage ?

-Merci M. Amougou pour cette intéressante question. Les arbitres sont comme vous et moi, sachez-le. Des hommes avec des rigueurs et des vulnérabilités.

D'accord ?

Au sortir de cette conférence de presse, on se demandait quel devrait être le lendemain des vendeurs de la pilule de lendemain qui, tapis dans un marché noire se faisait de la fortune sur le dos des filles. Les mecs aussi étaient rentrés dans la danse car les filles obéissaient plus à ceux qui après l'extase pouvaient leur procuré des pilules au moins. Les CHASUP s'écoulaient vers les finales et les cargaisons de NORLEVO et de préservatifs encombraient toujours à profusion les vendeurs de nuit. Qu'on le dise ou pas, ils jouaient tant bien que mal un fondamental rôle dans les VIH qui planaient dans l'air à la recherche des amateurs de la *position debout-moi-courbée-toi* qui, à leur ignoble manière faisaient des épisodes de CHASUP, sans emballer le matériel du job. Les filles murmuraient que si comme souvent les primes ne se paient pas ou rien que partiellement comme d'habitude, elles auraient néanmoins sobrement soutiré des sous des poches de ces hommes qui ne s'abstenaient pas à saliver au passage des minis. De ces textiles aux couleurs excitantes qui à la fleur de peau sculptaient toute l'architecture féminine.

Aïda Touré, celle qui avait pourvu l'Université Islamique de la Briqueterie de quatre métaux précieux agaçait l'opinion en avançant qu'elle avait glissé sous le box des suggestions une note sur les réformes nécessaires qui valaient le coup d'être apportées. Elle parlait d'une Education à la sexologie comme à la citoyenneté. Elle parlait des psychologues qui devraient en temps normal, disait-elle, se pencher sur la sexothérapie. Sur le déguerpissement de ces nombreux boutiques de tendance, de shopping et surtout ces sex-shop qui, comme une rangée de sapins ou de cyprès, bordaient l'entrée de nos universités, sur des mannequins sans pudeur aucune. Elle admettait que des enseignants aussi contribuaient à l'émergence de cet état de faire, par la sexualisation de tous leurs exemples dans les amphis, par le shoping amoureux qu'ils offraient à ses camarades. Les NST dites notes sexuellement transmises qui hissaient les girls sur le hit-parade des UV dans lesquelles, elles ne pigeaient pas grand choses. A ces garçons triviaux aussi, expliquait la bouche de Touré, épargnée du voile. Et elle se hâtait de contrattaquer en citant un certain universitaire : Emma Pondi. Malgré l'envahissement de la foule contre elle, elle s'attaquait aux IVG. L'interruption volontaire pour la naïve était un crime. Un infanticide.

- Idiote ! Pouffa une athlète avant de continuer ; tu penses qui doit suspendre ses études pour une sotte grossesse indésirée ?

- Ma chère, je ne m'adressais ni à toi ni quelqu'un de particulier. Je suis navrée pour la coïncidence. J'étais juste en train de donner mon point de vue sur un sujet à portée sociale. J'aurais été aussi fair-play si c'était votre point de vue qui dominait la mienne. Donc ne nous insultons pas comme des vulgaires. Avant les CHASUP, nous sommes d'abord supposées être considérées comme des intellos. Donc ne nous faisons pas honte aux yeux des ordinaires spectateurs. La plus efficace contraception ce n'est que de préserver son corps pour ton mari, ma chère Sidonie…

- Qui ? Sodomie ? Qui Sodomie ?

- Désolée ! Nous ne venons même pas d'une même ville, j'ai du moins cru entendre quelqu'un t'appeler Sidonie. J'ai donc dis Sidonie et non sodomie.

- Mensonge ! Ma copine   m'a appelée

syldanie.

On soutenait qu'elle ne comprend ni le pragmatisme ni le réalisme de ses camarades parce que ses pauvres oreilles étaient prisonnières du voile intégral.

Certaines filles s'étaient crues qu'à cette édition des CHASUP, le monopole de l'usage des NORVELO devrait être leur exclusivité. Déjà qu'elles avaient toutes dans la tête les préjugés selon lesquels les CHASUP se déroulaient dans l'arrière-pays. Déception. La technologie avait rapidement porté à la connaissance de toutes et de chacune les "vertus" de *la pilule de lendemain*. Il en était pareil des privilèges des NST ; notes sexuellement transmises. Gare à ceux qui pensent sans cesse qu'elles s'appelaient "sexe faible". Si c'est le cas il était donc légitime, pensent-elles, de mettre ce sexe faible en jeu pour acquérir ce que détiennent les sexes forts. Le fort ayant, c'est incontournable, besoin des faibles pour son équilibre. Et dans leur altercation, le *faible* se doit d'être moins faible grâce à l'usage sans concession de tous ses moyens. Dans la lutte des carnivores et herbivores, on n'interdit jamais à l'herbivore de se servir de ses cornes et sabots, bien qu'il possède aussi les dents dont se sert mortellement l'adversaire.

Néanmoins, elles s'échangeaient pas mal d'astuces. Comment faire ramper un détenteur de notes dont la seule arme n'est qu'un vieux stylo de couleur rouge ?

- S'ils nous occupent dans les hôtels lorsque nos camarades étudient, c'est à nous de les recruter en gros, dans toutes les disciplines, puisque les répétiteurs sont là aussi.

- Surtout d'arrêter nos querelles intestines ce n'est pas parce que le "stylo rouge" *sort* avec ta copine que tu dois les importuner partout avec une sexy tenue de voleuse de copain ou de devenir l'intime de sa femme. Il y a assez d'hommes. Chez nous à Douala nous ne faisons pas ce genre de machin. Si ma copine est déjà avec un stylo rouge, même si je l'appâtais, je me cherche ailleurs. Répondait une handballeuse à une volleyeuse de Yaoundé, dans une table ronde occasionnée au point d'eau.

- Chez nous à Molyko, c'est très différent. D'abord la langue: "le grammar". Je comprends ici des blagues du genre. Fuck-Fucker-Fuckest. Vraiment si vous ne comprenez rien du comparative et du superlatif, hein, laissez. Parlez votre français.

- Tu es hors sujet. En fait, moi je voudrais juste attirer l'attention sur un détail. Il serait mieux qu'au sortir de ces CHASUP que nous nous soyons partagés plutôt de bonnes idées. Tout cela est proscrit dans la Bible. C'est un péché. C'est la fornication. Attendez votre mariage et offrez-lui tout votre corps, à toutes les sauces.

- Ne nous fait aucune morale. Qui ne nous dit pas que la fille qui se masquait de son voile l'autre jour pour prendre un léger, n'était pas toi. C'était bien une basketteuse de l'Université du Couvent. Trop d'hypocrisie. Tout ce dont vous vous montrez anorexique sous le soleil, vous affectionnez une fois la nuit descendue sur le campus. C'est vous-même que vous trompez hein, ce n'est pas Dieu.

- Le coup qui m'est arrivée-là. Je dis comme on a failli me traduire au conseil… Voilà c'est une fille de l'Université Islamique, sans doute cette Aïda qui était allée dire à un gars des *Casquettes bleues* que je regardais un film x sur mon laptop et que le volume l'a mettait mal à l'aise. C'est devant la "Casquette bleue" que je me suis rendue compte que c'était la fille que j'ai battue à la demi-finale de pimpons-là. Vous savez quoi ? Ce policier des *Casquettes Bleues* ce soir-là m'eut réellement prise en charge, comme je vous dis là. Des minutes durant, il me menaça de me traduire au conseil de discipline des CHASUP pour atteinte à la pudeur. On dirait qu'il était un transfuge des Sciences Pô. Il me carillonna sans interruption, sous prétexte que le PCO de ces CHASUP, tel qu'il le connaissait, ne m'accorderait aucune circonstance atténuante si l'affaire était portée à son su. Je sentis mes pieds contracter la paralysie. S'ankyloser. Pire encore, il n'eut même pris l'once d'une seconde pour demander à cette fille de la Briqueterie ce qu'elle pouvait bien faire près de moi à dix-neuf heures alors que ses consœurs étaient agenouillées sur la natte au dortoir pour Allah. Si j'avais le comportement de certaines *grillées*, je lui aurais proposé un *léger* à ce poulet, pour qu'il ne porte pas l'affaire au bureau de la sécurité. L'affaire-là ne se donne pas chez moi. Soit je le vends soit c'est pour mon gars.

- Ma copine, moi, je viens de l'Université privée… de douala. Je connais les files à Akwa, des ferventes religieuses de la capitale économique, cent pour cent croyantes avec cinq sacrements. Vous imaginez-vous, ce qu'elles font le soir au poteau à Akwa ou au *Carrefour J'ai raté ma vie* ? Comme pour vous dire que la vie est dure. Le shoping amoureux c'est partout. Elles te diront qu'on n'achète pas les garnitures avec le voile. Et vous savez le shoping médical est fille du shoping amoureux, dans ces cas tout au moins. La générosité à donner ça à tout le monde fait à ce qu'on soit astreinte à courir après les infirmiers pour des IVG ou pour la pilule de lendemain. Et quelqu'un peut ici aux CHASUP tomber sur l'homme de sa vie comme un jeu.

- faites le constat : quelle fille mange sans avaler un comprimé ? Demandez-vous pourquoi un seul grain et vous comprendrez que le championnat est serré. Il ne s'agit pas du paracétamol hein ? Paracétamol mon œil. Et surtout ce n'est pas pour faire plaisir au vendeur qu'on achète. C'est pour qu'au lendemain des CHASUP, qu'un trophée ne pousse pas dans le ventre.

- Taisez-vous voilà un gars des "Casquettes Bleues" qui avancent vers ici. S'il nous demande ce que nous faisons ici en grand nombre, dites que le robinet coule à compte-goutte et chacune a besoin d'un peu d'eau pour se désembourber. Bonsoir mon chef.

Le forum des demoiselles au point d'eau s'interrompit par l'arrivée de l'agent de sécurité. Le troupeau d'étoiles qui faisaient le jet de lait sur le ciel noir était peut-être les seules à avoir écouté cette confidence entre les filles. Depuis deux jours il n'avait pas plu sur le campus comme si après les demi-finales, la pluie avait écopé d'un carton rouge. La nuit d'avant les éliminées se bousculaient sous la torche lunaire à profiter des derniers   ébats avec leurs partenaires dont elles devraient s'en séparer. Le Caterpillar, un insecte avec des zébrures rouges sur noires avait troublé cette nuit-là un ébat d'adieu entre deux tourtereaux en s'infiltrant dans l'orifice de la femelle. Le froufroutement   l'avait   écrasé et son liquide endolorissant avait irrité toute la muqueuse interne. Heureusement le gang de caoutchouc protégeait le mâle de l'endolorissement apporté par l'insecte écrasé. La fille crut à une piqûre de serpent dans la verdure de la pelouse en ces temps de pluie. Le cri strident alerta les spectateurs qui, ressusciteront *l'anecdote de serpent*. On pensa que le serpent aura migré d'un pôle intime pour l'autre. L'incident honteux se peinait à être porté au gynéco. Le garçon ambitionnait de soulever le trophée très convoité lors de la finale qui l'attendait. Une histoire de cette trame devrait lui déposséder le brassard de capitaine lors de la finale ou l'enlever de la liste des dix-huit joueurs de son équipe. Excommunié soit cet insecte que l'on importa de très loin pour l'entretien des gazons. Pour dominer les insectes qui détruisaient la pelouse. Sa place dans le championnat civile de foot, sa finale des CHASUP, son master pro en cours, sa réputation de délégué d'étudiant se vouaient noyés dans une louche affaire.

Les CHASUP si l'on voulût que quelque chose change, que ce volet de la générosité sexuelle tarisse. L'on devrait penser à l'inscrire à l'ordre du jour du prochain SIDA, le biannuel Sommet des Instituts D'envergure Académique. Coïncidence des coïncidences, c'est toujours la cité de Toutsang qui devrait abriter le sommet des instituts et universités privées et publiques pour passer au scanner les gangrènes et élaborer les projets de l'enseignement supérieur. Les Noirs eurent bénéficié de l'abolition de la Traite des Noirs mais des siècles après, la traite du sexe s'était fait un Himalaya dont la démolition semblait vouloir faire de la sculpture sur l'eau. Les Instituts des Beaux-Arts enseignaient déjà la sculpture sur bois et bronze mais pas quand même sur l'eau. Deux obstacles majeurs se présentaient. Primo, les gens nommés par Yaoundé pour la cause étaient également ses trafiquants. Le trafic des compagnies dont la différence d'âge se mesurait au-delà de deux décennies. Secundo, il fallait régresser mettre les garde-fous depuis les IST, Instituts Secondaires Techniques où les filles étant plus âgées que leur classe passaient pour plus exposées aux pédagogues-braconniers de leur dessous. Tout compte fait, à côté du SIDA, il fallait un dialogue vertical avec AIDS, Assemblée des Instituts d'enseignement Secondaire où cohabitant avec les sapeurs de l'éthique dans un œcuménisme vorace et malsain, les détracteurs de la déontologie avaient aussi savamment crée une ambiance d'avitaminose morale. A cette édition des CHASUP, plus qu'au paravent, la libido rivale talonnait le cogito sportif.

= IV =

LA DISGRACE

Zé Grace n'a jamais bien porté son nom. A moins que l'officier d'état civil aurait eu oublié de suffixer par "dis-". Elle enjambait la trentaine dans cinq petites années environ. Ce ne fut du moins pas aussi une grâce pour elle de naitre dans le bassin d'une époque où la plus certaine des certitudes était d'avoir une place de choix au chômage, qu'on soit diplômé ou pas. En fin de stage ou pas. Puisque tous ces bagages de paperasse de diplômes ne se tiraient pas du Locke de 1.

Grace au lycée s'était montrée une habituée de la bonne tenue de façon ostentatoire. Tenue au propre comme au figuré. Décence vestimentaire et morale ou mœurs intellectuels, une affable amabilité ; à considérer et à être considérée avec immenses égards. Une étudiante altruiste, la qualifiait-on. Elle avait suivi les roues d'Elisabeth Tankeu, l'une des toutes premières camerounaises à décrocher un bac C. La licence des maths-info s'était posée dans sa besace de parchemins alors qu'elle cueillait à peine ses vingt ans. Que le temps s'égrène vite ! Le baccalauréat jusque-là était le strict apanage des garçons, combien encore un Bac C ? Fort de ce parchemin androgyne, l'on lisait en elle une qui pouvait *demain* susurrer la voie des femmes à brûle-pourpoint.

Volet tenue ; l'abondance des vêtements sur-mesure, de pagne cousu n'avait rien avoir avec la religion c'est-à-dire l'islam ni avec une appartenance ethnique. Grace n'était ni Mahométane ni du Septentrion Cameroun ni Bamoun. Ce qu'on ne pouvait deviner pourtant vrai, c'était le fait que parce que trop sollicitée, vue son grand cœur et ses bras laborieux. Enseignants et camarades étudiants et voisins lui remettaient les coupons de billet ou directement l'invitaient à être aux avants postes pour peu qu'ils avaient une cérémonie : mariages, anniversaires, funérailles, célébration du divorce, etc. et comme la tradition dans la contrée était le vêtir à l'uniforme. La Cicam, société maillot-jaune en matière de pagne se faisait de bonnes affaires. Que l'argent sorte de ses poches ou pas, Grace s'en sortait toujours avec un *Kaba* ou robe de pagne bagué. Et sa penderie s'en peuplait à volonté. Les coutures variantes du wax, du tergal, de la laine jouaient à la distinction.

Toutefois, aller découvrir si, parés dans ses uniformes, les uns et les autres étaient uniformes véritablement, tant en penser qu'en agir. Ces morceaux d'étoffes confectionnés qui de plus en plus courent les rues lors des cérémonies camerounaises comme l'on était à Porto-Novo. De nos jours, au ramadan ou aux journées de la femme, nativité, anniversaire de la catastrophe de Nsam, masqueraient les solides déchirements et divergences qu'écument les familles lorsqu'il vient à désigner un héritier ou dès qu'un membre de la famille émerge. Il est entré dans les sectes, il va vendre quelqu'un, gardez-vous de vous blinder périclitent-on ci et là. Le quotidien argue sourdement ce lamentable fondé avec des réunions qui s'organisent à profusion. Si l'on prête l'analyse de Gaston Kelman qui s'apprêterait, pas à pas à siéger à l'Académie Française- du souci de réunir, si l'on déduit qu'il y a des divisions latentes ; et conclusion la réunion un palliatif à l'union sans cesse équivoque.

Des années après qu'elle s'était inscrite en post-licence de mathématique option algèbre, l'encadreur de la jeune fille préparait des cérémonies de funérailles. C'était un haut placé dans la   fac. Le chef du département de mathématique, si ses convictions politiques anti régime ne lui ont pas encore coûté le poste. Il serait nommé plus haut. Un sophiste aux reflexes de Pythagore. Il avait au paravent promis et offert à Grace une chance idoine, celle de se sevrer du chômage, si d'aises possibilités se présentaient à ses moyens. Les longues études y étaient une sage façon de se soustraire des bras de l'ennui étant donné qu'à la moindre opportunité d'offre d'emploi dans un bar, un call box ou un casino, certains doctorant-finissants abandonnaient leur projet de thèse, prenaient leur jambe au cou pour en discuter afin d'échouer sur de prompts entretiens d'embauche. Le chef de département avait via ses possibilités, ouvert les vannes à Grace pour l'entrée à l'Ecole polytechnique, cycle baccalauréat. Avait-on raison de se demander à quoi servent les partis d'oppositions si ce n'est que d'asseoir le trafic d'influence par leur rang ou par leur poche ; ce n'est pas différent des usages du régime quand même. La jeune femme enthousiaste n'avait pas pris le temps d'en évaluer les tenants et les aboutissants de la manne du ciel, tombée tout droit.

La première tactique était de sanctionner son âge et de débarrasser de la section superflue afin de rajeunir l'acte de naissance. Cela s'appelle *couper l'âge*. Mais l'opération n'ira pas sans se heurter sur la digue des diplômes déjà vendangés sous une identité juchée sur un âge, l'âge vrai. Ah ! C'est le pays.

Le second canal passa comme les eaux sur leur courant inférieur. Elle suspendit les bavardages de post-licence pour entrer à l'école normale polytechnique. Les portes de cette académie avaient cédé au coup de pioche des poches mafflues de son encadreur.

Son rêve jadis plombé à l'ENSET, école normale supérieur de l'enseignement technique, se voyait auréolé, réalisé avec prestige au-dessus de l'espoir. Le simple rêve accouchait d'une réalisation facteur 10 exposants 3.

Personne ne sut comment cette fille de veuve jardinière avait fait. Quel échafaud s'était-elle servie ? Une héritière de profonde misère qui passait sous le char d'une aiguille qui faisait obstruction même à certains fils de députés de la majorité présidentielle. Son demain n'était plus visiblement un creuset d'incertitudes comme poétise Charles Belinga b'Eno mais un horizon faste et radieux. Mais Grace n'était pas nantie de grâce à la naissance. Allait-elle brouter le bonheur gras du matricule de la fonction publique et se poser un gramme de chair sur sous sa peau décharnée par le dard de la misère.

Le cursus à Polytechnique sans anicroche, se profilait sur les versants du soleil. En flèche, elle supplantait les classes ou niveaux d'étude avec le nécessaire OK des formateurs de stage en entreprise. Grace brillait à l'avant-garde de ses promotionnaires valeureux ou heureux clients du concours d'entrée. Son relevé de notes soufflait la bise de positionnement sur la poignée des méritants qui parsemaient l'institution. Son patronyme était étrange, sans ressemblance avec aucun nom de haut commis de l'Etat. Bien que débutant par un mutique z, ce rare nom se fixait toujours en amont de toutes les listes de notes et procès-verbaux. Aucun soupçon sur le viatique qui l'avait conduite dans l'institution. L'un des reliques de la déontologie et de la rectitude en décrépitude, l'ordre alphabétique demeurait à la remorque de l'ordre de mérite. De quoi être un nickelage pour le village à mobiliser sans ménagement, leurs victuailles pour l'éclosion de leur future élite. Honorablement ses efforts n'en faisaient un Judas.

A l'école, Grace fit la connaissance d'un

étudiant expatrié, venu du Maghreb lointain pour des causes du savoir. Il tomba des nues sous l'hospitalité affective de la jeune. Elle tomba en retour sous les charmes de sa crinière bouclée en lui déclarant ses flammes. Les amours allaient aussi bien que les études malgré le dénivellement de niveaux d'étude. C'est le camarade qui revint lui payé sa toge lors des cérémonies de fin de la promotion de Grace, entendons. Elle ruisselait toute en larme sur la joue du ministre de tutelle, allant personnellement féliciter la majore, entend que représentant personnel du chef de l'Etat, elle gouta de sa joue à la fraicheur sous haute directive d'un ministre, sous hautes instructions. Les concitoyens avaient ainsi attribué plusieurs pseudonymes au chef de l'état au fil des décennies de son long magistère : le vieux, sous haute directive, candidat naturel sous haute instruction, le devin etc… Son corps longiligne contenait difficilement le ventre rallongé sous la toge. Son nombril rond distrayait un peu les youyous et acclamations. On dirait que certains déliraient plutôt sous l'autre parchemin qui habitait ses entrailles, sachant ou pas le métissage de ce dernier. La grâce commençait-elle à envieillir Grace ? Deux parchemins d'un trait. Grace à la croisière des chemins.

Les affectations n'étaient pas toujours automatiques après. Les deux années coutumières d'attente étaient une autre traversée de désert insurmontable où chacun devrait se jeter à l'eau pour ne pas craquer plus tôt. Sans surprise c'était l'aberrant chemin de tous ceux qui venaient de ce moule. Gare à ceux qui succomberaient le long de la traversée. L'étendue imaginative tutoyait le Sahara par de là quoi, Grace devrait dans un zeste de temps se battre à se faire accepter comme bru. Son camarade-amant idem se devra de fouler les berges du fleuve Dibamba (du côté maternel) au pays Bassa pour négocier la main de Grace dans les meilleurs des cas. Ah ! Ce peuple quelque peu hostile à la peau blanche, ne distingue pas aisément les maghrébins des européens contre qui ils firent une farouche lutte coloniale et de la lutte pour l'indépendance. Les choses mentalement y auraient changé avec le mythe de l'eldorado occidental. Sauf surprise, un gendre de peau blanche portait satisfaction aux aspirations du peuple Bassa. Vue l'état piteux des routes où rampaient des épidémies ou l'obscurité dans laquelle baignait ce village voisin de la ville lumière d'Edéa.

Les entraves se précipitaient manifestement sur le sentier de ces deux bonheurs en gestation.

Le sieur dont l'opulence avait défoncé la serrure de Polytechnique pour Grace revenait à la charge avec un visage différent de celui d'un simple bon samaritain. Il déclinait petitement son vrai visage. Ses véritables ambitions.

Entre ses paroles enraillées, truffées de paraboles et de proverbes, les sages du pays des pêcheurs entrevoyaient les subterfuges d'un homme de calcul, un délateur enclin de lubricité. Le patriarche cillait aux vieux de sortir la riposte de leur gond avant que le sieur n'atteigne le seuil des choses ingérables.

-Accouche, cher hôte dixit les vieillards.

Dans des tournures mathématiquement stylistiques, les sages surent qu'il était un veuf qui, en plus de la tenue de Grace à l'école, avait chaviré sous le trait serviable de Grace Zé Mbock lors des cérémonies funéraires de sa défunte compagne. Grace s'y était démenée sans réserve. Et le sieur ne s'en doutait pas de voir dans cette fille qui n'était point la chasse gardée des mâles, plus la gardienne de ses orphelins, son prochain futur conjoint. Et sans attendre, s'est résolu de l'extirper de la gueule du désœuvrement et de lui tarir les balivernes des longues études qui meublaient vainement son temps, l'irriguant inexorablement vers la retraite et la ménopause. Aux prix du contenu de ses épargnes, il voulut donner un emploi prisé à sa femme en huit et les pagnes qui lui allaient comme l'hameçon à la canne. Les vieillards Bassa opinaient négativement en s'évaluant que leur poisson séché, igname blanc, pistache ne représentaient quasiment rien sur l'investissement de cet ex-bon samaritain. L'algérois dans son ventre attendait que soit ouverte sa page. Pas en bambara mais en langue d'ici, de là. Ses études professionnelles avaient mangé au râtelier de ce sieur. La prise en compte empêtrait devant le repas frugal aux crevettes qui ne faisait point l'épate au monsieur de conditions supérieures. On le trouvait grincheux. Grace se trouvait jetée sous la convoitise sobre de son encadreur, sans fleurette contée. De mémoire de femme elle reconnaissait avoir reçu de lui le cours, a contrario jamais la cour. Etait-ce de la polytechnique d'exprimer son penchant à une âme ? Se forait lancinante la tête à Grace.

Ironie du sort, après l'obtention du bac, on lui avait explicitement demandé la main. Or pour des raisons tribales, les parents lui donnèrent à ce prétendant un coup de crosse en l'envoyant tourner. Sous le prétexte de *on va réfléchir* se cachait une répugnance séculaire ; un des siens avait trahit un prodigue nationaliste bassa dont la tête était mise à prix. Sa tête fut coupée au chalumeau. Le jour-J du rendez-vous, l'amant fut stupéfait alors qu'indirectement, il avait déjà versé une importante partie de la dote via Grace. Ils s'aimaient d'un amour de colombe. Le patriarche allait foutre la pagaille dans ces fiançailles.

Des années plus tard, en vrai Reis, il asserta à cet autre qu'un dicton souligne que "l'on ne programme pas son diner avec une carpe encore dans la lagune". Autrement plus d'une personne a le droit d'y pêcher sans faire un péché. L'amant eut déchanté avant de se retirer. Mais sa famille n'entendit pas cela de leur oreille. Elle réclama le remboursement. La pauvre jardinière de mère se retrouva seule devant les faits accomplis. Elle avoua payer 3.5 sur les 5 millions demandés par celui qui faisait le bailleur de fonds pour Grâce jusqu'au diplôme de polytech. Sans problème, répliqua la famille d'en face. Un bon fut consigné séance tenante.

Derrière ce ne fut pas la paix entre Grace et la tribu. Elle dit n'avoir revendiqué que son tribut pour une fille née dans leurs bras. Ils avaient, dirent-ils, le choix de la donner à qui ils voulaient non seulement mais après consultation des ancêtres. On lui tinta un tas d'adages anecdotiques juste pour que la fermeté des bassa dans sa zone de mémoire soit merveilleusement incrustée, définitivement poinçonnée. Exemple à l'appui la négation catégorique d'Um Nyobé devant le colon. *Le bassa ne connait ni la langue de bois ni la complaisance qui ne l'honore guère*, rugit veuve Zé tout électrisée de colère en frappant agressivement le marteau de son poing sur ce qui restait de battant de porte, dénaturé par les termites. Un bruit sablonneux valsait du haut en bas à l'intérieur de la carcasse décharné du battant mort. Malgré la poussée graduelle du ventre, Grace ou son soi-disant Hamed devrait rembourser la dote de l'ex-promis qui, avait rempli les conditions pour nicher avec Grace. Cette histoire mettait en berne l'honneur de la tribu. Cet algérois, inconnu des parents Zé, du moins la veuve et les autres, parviendra-t-il à rembourser ces millions ? Ce prétendant déchu n'en réclamait pas mais la famille n'entendait pas concéder une dette envers cette tribu qui, historiquement fut son vassal. L'honneur était en jeu. C'est de cette question d'honneur que l'itinérance, prit corps.

Hamed signifia que le coran ne lui pardonnera pas de se fiancer avec une fille qui eut déjà été l'objet des fiançailles. Car même si ce dernier a abdiqué, psychologiquement ce sera, déclina- t-elle (veuve Zé), se jeter dans la polyandrie peut-être la bigamie. Si ce démis parvenait à la famille elle devrait se mécontenter dans une incapacité de rembourser. Cependant sans être au courant de ce qui avait conduit Grace dans le mur de cette dette et l'accablait avec le petit algérois qu'elle portait, Hamed eu le grand cœur de lui demander combien fallait- il qu'il paye pour le temps durant lequel ils avaient couvé ensemble. Grace sentit que chez ce magrébin, l'honneur avait une place aussi prépondérante qu'il était insalissable chez les bassa. Ce fils de richissime algérois était prêt à débourser jusqu'au milliard pour dédommager la fille qu'il venait d'aimer, qu'il sentait avoir arrêté d'aimé. Grace trouvait que prendre de l'argent ferait d'avantage une crasse indélébile sur l'honneur des bassa déjà malpropre. Deux grosses infamies. Elle se cloitra dans sa bicoque au toit perforé, heureusement la saison des pluies avait pris congé. Cette chambre sans fenêtre. On avait prévu l'espace de la fenêtre mais provisoirement on l'avait bourré de briques, qui s'était avéré être définitif avec le décès du père Zé. Mais une tôle plastique verte au milieu de la chambre, récupérait la lumière très chaude du ciel, la convertissait en lueur de veilleuse avant de la répandre dans toute la chambre en y mêlant un zeste de tiédeur. Grace y était une bohème sédentaire. Comme si le fœtus avait interrompit sa croissance pour laisser vagabonder ses réflexions, ses interrogations. L'errance sédentaire la creusait. Elle déguerpit la maison pour où personne ne sut, sans que cela inquiétasse les parents, tellement ils étaient restés à sangloté l'honneur terni. Par une évoluée, intellectuellement. Comment rendraient-ils compte à la tribu qui, pour cette enfant avait donné les victuailles de leur récolte, le poisson de leur pêche, le vin de leur vigne, les décoctions et amulette de leur pharmacopée, l'amour de leur cœur.

Du moins, Grace se tailla un passe-temps parmi ces femmes qui vendaient des amuse-gueules à la place du paysage aux multiples escales d'autos. On y séchait les fruits moisis et du biscuit de patate sur le macadam du trottoir. En cette saison sèche, commerce qui s'achalandait fort bien et rentable ne nourrissait pas les envies de Grace. Elle trainait l'ombre des dettes et au nom de l'honneur, elle devrait se battre à s'en acquitter. Rien n'est plus marrant que de mettre au monde un enfant, héritier des dettes. Rien aussi de plus lugubre que de se suicider en emportant un innocent. Rien de plus atroce aussi de se laisser nouer les intestins lorsqu'on porte dans son sein une ou plusieurs vies. Rien de plus indifférent que de ne pas faire quelque chose. Il donc fallait faire quelque chose.

Du haut de l'intelligence d'une moulée des Polytechniques, un ingénieur en veille, elle proposa aux vendeurs de s'organiser en collectif, de faire une assemblée. Elles y passèrent au peigne fin la condition des vendeuses. Les hommes du groupe ne se plaignirent pas de la dénomination féminine. Ca toujours été une affaire de femme. C'est l'épidémie de chômage qui y a amené les autres ; ces intrus mâles. Ils se devraient de consentir tout ça, leur gagne-cigarette.

Les clauses des réunions ; la chasse aux collecteurs de la municipalité, personne ne devrait vendre plus d'une espèce de denrée, plu de cinq vendeuses par jours. Un programme en naquit, de quoi chacune rentrait avec une besace satisfaisante et de jouir d'un repos ou d'un weekend régulier ou de vaquer à d'autres activités. Grace par exemple, secondairement braisait du poisson nuitamment. Profitant de l'interstice de l'entre deux clients pour commettre de brefs sommes. C'était formidablement bénéfique jusqu'à ce que vint pourrir l'espoir à la tombée de la troisième semaine. Un cambriolage en série survint dans les boutiques et débits de boisson qui *environnaient* le barbecue. Dans la même nuit un gang déchainé de coupeurs de route dépouillèrent les passagers arrimés dans les voitures qui transitaient sur cette nationale. La gendarmerie nationale alertée, déploya le gros de son effectif dans cette nuit trouble. Une trouvaille macabre, un monsieur sans vie, troué de balle, les bras bassinant entre ses jambes sur un fagot de liasse de 10.000Fcfa dans son bermuda, il aurait refusé de se voir déposséder. Grace, la dernière à quitter le carrefour la nuit du drame, fut gardée à vue dès le petit matin.

Une enquête qui ne sera plus fermée, fut ouverte. D'interrogatoire en interrogatoire, elle reconnut le sieur tué, à travers sa carte nationale d'identité et son passeport expiré qui trainaient dans le portefeuille reposée sur la table de l'enquêteur. C'est votre frère monsieur l'adjudant-chef ? demanda-t-elle. Il posa sur elle un long regard déshabilleur, curieux avant de répondre ; pourquoi madame ? Vous le connaissez ce monsieur?

- J'ai eu une histoire avec lui mais depuis je l'ai perdu de vue. - Racontez-moi un peu, dit-il en se rassoyant bien dans la chaise

- C'est une longue histoire mon adjudant.

- Dites Monsieur l'adjudant-chef, ça prête à équivoque de m'appeler ainsi.

- Oui narrez moi tout madame, insista le gendarme très calmement.

- Si je pouvais savoir dans quelle ville il réside… en fait il fut mon prétendant. Mais cela avait mal tourné. Ma famille lui reste redevable jusqu'aujourd'hui.

- Parlez-vous de dote, un truc de ce genre ? -Il m'avait acheté l'entrée à la polytech, et avait tout pris en charge.

-Bref c'est suffisamment cohérent d'apprendre que le monsieur qui a été fusillé hier soir était votre prétendant, il vous réclame de l'argent, j'imagine colossal n'est-ce pas, qu'il fut le seul à trouver la mort n'est-ce pas, et que vous étiez la dernière n'est-ce pas à quitter le carrefour : ça veut dire ce que ça veut dire. Hein ? Vous savez il n'y a pas de crime parfait n'est-ce pas, sur cent cas c'est généralement le meurtrier qui se dénonce voyez-vous madame Zé, ah oui mademoiselle Grace, pardon.

Parvenu au tournant dangereux où son

existence arcboutait dans le mur, un baril de conditionnels valsait dans le cortex cérébral de Grace comme le foin qui va et vient dans les boyaux d'un ruminant. Elle guerroyait contre ce destin sans trouver par où crever le furoncle. La mélasse était dur tenace. Elle s'y achoppait. Elle s'incriminait *si j'avais pu le rembourser avant son trépas,* soliloquait-elle sans se soucier du meurtre qui allait s'imputant à elle. Elle de biais revoyait Hamed, traverser latéralement sa méditation.

Le présent dévergondé de Grace ressassait le passé très achalandé de possibilités. Dans l'alcôve de souvenirs de Grace, venait se moquer une dame aux cheveux brillantinés, d'une lignée germanique depuis la grande guerre implantée au Cameroun. Grace se pencha dans la pénombre des annales, vit une date. Cette dame-là, allait sur des lieux publics jouer de la guitare ou du piano ou faire des récitals de poèmes. Rarement elle agréait repartir avec quelque pièce du *farotage*. Grace l'avait étroitement côtoyée à l'hôpital de la garnison militaire. Elle devrait être encore à Polytech. Elle croyait lire dans la sympathie de l'artiste itinérante du tout naturellement ingénu. A chaque prestation, elle s'entretenait avec Grace. En tentant de porter sa main sur son buste biscornu qu'on appelle ici *moi monsieur,* au regard de la perpendicularité du corps. Un fleuve de compliments : j'aime ton sourire, ça me rappelle une amie de Munich ; j'aime ceci, j'aime cela, ta robe te va mal bien, etc. Une après-midi, elle vint égayer les malades de la *médecine femme,* le bloc où était internée la camarade de classe, 2e année à Polytech. Grace, elle assurait sa garde. De son retour du séchoir, elles se croisèrent au seuil de la porte ; *la malade du lit N° 8 demande qu'on lui appelle sa garde au séchoir, elle voudrait le seau, elle rote le vomis,* dit-elle. Oui Grace c'est moi, ouais *ma co'o*-ci va enlever les médicaments qu'elle vient d'ingurgiter ma pauvre, répondit Grace en entrant prestement un peu anxieuse. Ce fut à cette occasion que l'Allemande découvrit le prénom de celle pour qui elle répandait chaque fois de l'admiration au séchoir ou au bac à lessive. Elle feint venir consoler la malade de Grace qui hennissait les vomissements. Toi_ma belle, cette carte de visite est à toi. Tu vas plaire à mon fils. Il va t'épouser. Sûr.

Dans les cellules de la brigade, présumée complice de meurtre, cette histoire avec l'Allemande et bien hantaient encore les souvenirs de Grace, endettée doublement et présumée assassine de son ancien prétendant. Grace saillait dans les piteux murs de la cellule, savourant l'angoisse d'une orpheline, sa mère aussi venait de succomber, minaudant son avenir patiner sur l'itinérance et son présent menotté par la disgrâce. Deux relations avec les peaux différentes, deux contusions au plan relationnel, deux félonies : Hamed. Le fils de l'Allemande. Le boulot. L'enseignant-prétendant. Le fossé entre le diplôme de Polytech et l'affectation.

$$= V =$$

LE SERPENT S'EST DOMESTIQUE

Des reptiles comme Djoundjou, ça ne court pas les rues. Seuls Adam et go y auraient songé.

Motsébo venait de passer son permis de prendre femme. Une ravissante Yonta lui avait été proposée. Il vint au fin fond de Galim la chercher. Elle s'engagea à faire chemin avec lui contre soleil et tourbillon.

Il y avait deux ans qu'elle vivait maritalement avec son Motsébo. Elle n'arrivait pas à concevoir. Pourtant elle coulait de la grenadine à la tombée de chaque mensualité. Ses parents ne faisaient aucune économie de *marcher* avec elle. Naturopathe, exorciste, gynéco, tous ces doigts malaxaient les profondeurs de Yonta. Le succès ne tombait pas.

- Ton mari-là. Il ne fout pas le travail ? demanda le dernier guérisseur.

- Tonton ? Oncle ? Motsébo ? Il fait. Il fait le travail. Sur moi. Gloussa Yonta dans une voie pleine de timidité et de honte en présence de ses parents qui lui avaient toujours enseigné que le *bas ventre* était d'un sacré tabou.

- Qu'est ce qui il fait dans la vie ?

- Convoyeur des camions de sable.

- Sableur ?

- voilà ! Synthétisa Yonta. Oui.

Malgré l'attente de l'enfant, la balle du ménage était dans le camp de Yonta. Elle n'avait jamais gouté l'expérience des avortements quand même. La pauvre avait commencé à s'essayer un petit jeu ; celui d'enclencher à petit rythme, la confection de la layette, sans senti l'enfant.

Un serpenteau se glissa un jour d'août sous ses langes qu'elle ne cessait de laver de temps en temps, de repasser avec le gros fer à charbons, question de les débarrasser de tout parfum moisi. Ce jour il n'avait pas plu en matinée, les anges étaient étalées sur les sapins bien taillés qui *pour faisaient* la clôture du bungalow de terre battu où elle vivait avec sa tendre époux.

Elle était allé à la dalle qui servait de séchoir

pour tout le tous les habitants de ce coin de Bayagam. Elle remuait sur l'étale de maïs, de haricot couleur corbeau, haricot *meringué*, haricot *mac-mac*. Sans oublier l'étale de pigment préalablement bouilli, à sécher. Le pigment, cette plante mythique dans la contrée.

La pluie était arrivée sans crier gare et elle se devait de regagner la dalle, de rattraper les linges sur le séchoir. En même temps, les pommes de terre sentaient cramer à la cuisine. Motsébo aimait bien les pommes pilées au haricot meringué. Mais aussi l'habit de travail, de rechange de son mari était abandonné à l'agressivité des gouttelettes fléchées du ciel troué. C'est ce qui valait mieux de sauver en premier de la furie des gouttes. Elle les ramassa sans façon, sans secouer.

Un serpenteau s'était caché dans un lange de bébé. De retour du boulot le soir, les pommes de terre étaient prêtes. Yonta les réchauffa, rôtit des prunes et servit son homme en attendant qu'il termine de s'oindre au *maganga*. Il avait tiédir un gobelet pour tiédir l'eau qu'on lui avait déposée derrière. Il apprécia ce plat de *metita* qu'il voulut ajouter un peu. Ils regagnèrent la couche. Sa femme lui mit un petit dégoût en lui annonçant que ça coulait en bas. Alors que le pauvre pensait qu'un embryon y était fixé. Ce n'était plus le moment de se mélanger. Ouais ! Il revenait d'une expédition de plus de deux semaines avec ses compagnons sableurs. Il entamait ses deux jours de repos pendant lesquels il n'avait même pas le droit de se mélanger avec sa moitié.

Dans le sommeil, il vit comme un serpenteau venir leur dire qu'il était un ascendant du totem de la feue veuve Motsébo père, qu'il était venu favoriser la fixation d'un œuf et la naissance d'un enfant dans cette maison. Il réveilla Yonta, les deux prièrent en chœur.

Le jour d'après, un autre cauchemar ; une équipe de vampires investissent la maison pour venir détruire toute chance de procréation dans la maison. Une horde de dévastateur d'embryon et de mangeurs d'hommes. Dès qu'ils enclenchèrent leur odieuse tache, le serpenteau sorti des habits accrochés au mur, servant de penderie et garde-robes. Il se métamorphosa, devint énorme et engloutit tous ces vampires. Au fur et à mesure que l'animal totem remplissait sa mission, au fil des mois, un embryon enfin élu domicile dans les entrailles de Yonta. Et il profitait de la nuit pour aller très loin, chercher des herbes vertueuses qu'il mâchouillait et versait la salive dans les potions de Yonta. Sans se rendre compte, elle buvait de la bave thérapeutique d'un reptile et l'enfant croissait. Sans visite prénatale aucune l'enfant naquit au terme de dix mois, bien potelé et bien portant.

Le poids à la naissance fit qu'en peu de temps, il s'asseyait et Yonta l'attachait au dos pour regagner la plantation. Le même reptile venait jouer avec lui, le bercer tandis que Yonta binait les choux. Euh naïveté des naïvetés. Elle se contentait que l'enfant est docile sans se demander pourquoi il ne pleure jamais. Ah les femmes ! Lorsqu'elle vit le spectacle de ndounjou et de l'enfant, elle cria à perdre la voix. Et le bon samaritain d'un trait disparut.

Dans le songe, le reptile présenta ses excuses à Yonta tout en lui rappelant qu'il n'est serpent que d'apparence, que sa mission est de faire naître trois enfants dans cette maison, les bercer, les soigner d'ambroisie et de tout nectar anti-vampire afin de tirer sa révérence. Sursautée, elle ne vit rien, elle réveilla son époux, les deux entonna une vive prière et se rendormirent.

Le scénario se répéta pour un second enfant. Quand le troisième commença à marcher à quatre pattes, puis à deux puis à parler, elle raconta à la mère la même histoire que ces aînés contaient à leur première articulation de parole : une mystérieuse histoire de bienveillant serpent dans la maison. Seuls les enfants le voyaient et savaient sa mission et son expiration.

Lorsqu'il atteignit sa mission, Ndjoudjou se fit dévoilé par Yonta. Elle cria de toutes ses caisses de résonnance pour ameuter le quartier, tous les vampires décidèrent qu'on le tut et l'incinère. Le retour précipité de Motsé Bo ne faillit pas changer le sort du reptile d'un décamètre. Chacun s'arma de caillou, de gourdin, de machette, de fusil pour guillotiner le Djoudjou.

Les enfants Motsébo rentrèrent de l'école trouvant la scène sur la véranda de derrière et tombèrent tous en transe. Leur survie dépendait du sort du djoudjou. On leur fit lécher une poudre noire que le reptile avait confectionnée à l'insu de tous. Ressuscités de la transe, ils demandaient à la foule : vous qui voulez le tuer, vous avez un venin plus mortel que le sien.

Vous qui avez passez le temps à dévorer les enfants dans le ventre de notre mère. Vous qui aviez mangé les parents de mon père. Que faites-vous avec vos destructeurs totems ? Vous qui avez pris vos enfants dans l'eau. Vous qui, avec des avions de nuit, semez la sorcellerie dans tout Bayagam. Vous, … que voulez-vous à cet animal plein d'humanisme ? Que prenez-vous à ce messie ? Déguerpissez.

Les enfants, laissèrent le serpent, comme ils le savaient traverser la limite du village, pour se jeter au loin où il redeviendra animal.

= VI =

LE DISH DE KWANINDONG

Papa arrêtera-t-il de sentir ce hautin malaise. Mes frères et moi n'échapperons jamais à nous poser cette question. Il y avait chez nous une véritable ambiance aigre lorsqu'au menu était inscrit le dish de kwanindong ; une espèce de bouillon de chair de boa, mélangé aux feuilles de ko'ock, accompagné soit du fonio soit du tubercule de manioc. C'était un plat traditionnel, séculaire dans le village Mindourou d'où avait poussé le premier cri de papa. Notre père l'affectionnait follement mais il se trouve qu'il en riait et pleurait, disons la chose comme ceci. Maman, du moins la mère de mes (demis) frères nous invitait à prendre le repas du soir dès que l'horloge affichait 20h. De jour comme de nuit papa présentait la même allure face à son mets-culte. Les autres repas tout de même le laissaient à 37. Maman avait, eu égard à la persistance de la chose ; décidé de réduire les ingrédients de préparation. Avec l'huile de palme *palm'or* raffinée venant de Mbanga, elle substituait le jus de noix qu'elle pressait dans le mortier. C'était mieux que l'huile rouge de Kékem ou de Babouantou auxquelles elle fit recours les mois derniers. On lui avait toujours dit que le roi des Babouantou, sur les hautes terres de l'Ouest avait un efficient pressoir. Dans le temps, nos ancêtres ne mettaient ni cube ni de l'huile dans le Kwanindong, ni à Mindourou dont notre père est natif ni à Mbang le canton de notre mère, de la mère de mes frères j'allais dire. Cependant à son idée c'est la couleur dorée chlolestérolienne qui dérangerait papa.

Le mois prochain devrait être le tour de papa de recevoir la réunion des ressortissants Yoko de Yaoundé. La tenue de la réunion était rotative ; Chaque mois, un membre accueillait l'assemblée générale et devrait se battre à son savoir à revaloriser un aspect de la culture Mindourou ; en l'occurrence la mise en jachère était une façon de l'ensevelir. D'aucuns avaient convoqué des pas de danse, des boissons, des mets comme le dish de Kwanindong, le dish-culte de papa, personne n'y avait encore pensé. Papa avait déjà passé la commande d'un boa mâle dont la livraison ne devrait être faite que la veille de la tenue de la réunion. Comme le boa mâle n e contient pas trop d'écailles dû à ses régulières mues pour appâter les femelles. Nous ne manquions pas de nous demander ce que penseront les gens de son canton en le voyant faire la transe du dish. C'est humiliant de comprendre qu'on ait lancé l'épilepsie à un pygmée. Ce sont eux qui éradiquent les cas d'épilepsie lancée, de mousson, que les gens du dehors contractent en volant des arbres fétiches ou en convoitant la femme des gens ou en trompant les usuriers.

Attention ! J'ai du mal me rappeler de ce que notre père eut dit un jour à ma mère du temps qu'elle était encore ici. Comment mon père a eu à épouser ma mère ? Il avait lors d'une vacance au village, réalisé la prouesse de venir à bout d'un effroyable hippopotame qui semait la pagaille dans le fleuve Doumé. Cette bête traquait et tuait les pêcheurs et touristes. Parfois j'ai une épine dans le dos quand je vois ma mère-ci, celle d'aujourd'hui seulement vociférer des balivernes à notre père ; *Comment peux-tu continuer à consommer un mets qui te crée tant d'ennuis mon mari de Crétop.* Du temps de ma mère ce n'était pas à ce niveau. C'était la vraie madame Crétop. Mon père c'est Christophe quand même.

L'histoire de notre père avec ce dish était plus cocasse qu'on ne pouvait le penser. Il se trouve qu'à l'époque où l'exploitation forestière avait pignon sur rue dans nos forêts de Mindourou et environ, les métropolitains se faisaient les champions du pillage. La population du coin, persécuté par ces *gris-poils* chasseurs d'essence de bois. Ses parents et d'autres groupes de la prestigieuse race des pygmées avaient élu domicile dans les espèces de clairières qui constituaient des agglomérations forestières. Un soir, alors que la nuit était trop avancée, trois bons hommes, de bottes en cuir chaussée, de vert-noirs vêtus. C'était la grande fête chez ses parents dont mes grands-parents. Mon grand-père venait d'une longue expédition de chasse et de pêche dans la Kadéi. Beaucoup de carpes et surtout un gros boa mâle était dans sa besace et le dish devrait rapidement prendre corps. À leur irruption, nous dégustions enthousiasment l'exquis plat. Ils se sont mis à parler un baragouin à mon grand-père. C'était un baratin jacobin. Mon père en comprenait le sens. A un moment donné les balivernes montaient d'un cran et ses énergumènes se courbèrent, entraient dans la hutte et piétinèrent le plat de la grand-mère, crachèrent dans le plat de grand père et sa colère fit la crue. D'une rage, il se plaignit. Et hop ces chasseurs de bois et boa lui firent cadeau d'une balle dans le front. Il tomba, ses membres giclèrent les derniers pouls. Et après, ils se glacèrent. La mère de mon père, raconta mon père, s'affola et s'accrocha sur ces grils-poils. Ils le (mon père) chassèrent et trainèrent la grand-mère dans la marée verte *ténébreuse* par la nuit épaisse. Mon père habité par le trauma, passa sa nuit dans le feuillage d'un haut arbre. Le matin, il revint sur la place de la maison. On était revenu dans la nuit saccager les piquets et les feuilles vertes et sèches qui, là-bas, constituent le matériau de prédilection pour l'habitat. Ils n'auraient pas pu se ré-infiltrer vue la petite taille de la maison d'unique pièce faite. Cette séparation brutale et tragique semait en mon père une haine des gris-poils, du village, et du Kwanindong.

Mon père une fois franchi la porte de la classe du directeur, se rappela comme s'était hier, des paroles que les gris-poils, criblaient la quiétude de nos grands-parents. Il pensa guerroyer contre tous les métropolitains mais il avait été nourri de l'école missionnaire encore de ces blancs, mais cyniques, avant de rentrer à l'école publique où il était devenu à fort de lire *Moussa et Gigla* le livre de tous les écoliers du CE1 au CM2. Devenu un as du français et de l'arithmétique, il caressait l'espoir de passer par l'école normale de Foulassi chercher un DMEG, diplôme de moniteur d'enseignement générale. Les mentalités avaient bougé pour que le diplôme du moniteur indigène DMI devienne le DMEG. L'entrée à Foulassi ne dépendait de qu'on soit pygmée, Bamiléké ou Eton mais la maitrise de la langue qui plus tard a été appelée celle de Mongo Beti, né pas loin d'ici, qui écrit et enseigne la langue des *gris-poils* à leurs petits *nguénguéroux* de fils, dans leur pays même-même. Tout le compagnonnage de notre père en était témoin.

Ma vraie mère était retournée chez ses parents à Pongo-Bakok, l'actuel Dibombari. Ses frères Mbos devraient admirer ses talents d'herboristes, de danseuse d'Assiko, de cordon bleu en Kwanindong. Ses frères disaient que notre père était court comme s'il était passé sous les jambes de quelqu'un ou comme s'il avait traversé sur les jambes allongées d'une dame jumelle. Ces stéréotypes ne faisaient pas de lui un moins que directeur d'école en plein

Yaoundé. Le mariage avec un pygmée n'avait pas souri à ma vraie mère. Même si c'était le directeur d'école qui l'avait tenue au cours moyen. Savait-elle servir ce plat de bouillon. Surtout avec la chair du boa à son élu, j'ose croire.

Mon père ne voulait sous aucun prétexte se séparer de ce mets, seul souvenir de ses parents, seule relique de sa culture dévalisée avec la dévastation de la forêt par ces anémiés écologiques.

Rester au village pour le sauvetage du dish de kwanindong, macéré au jus de noix de palm le tentait bien. Pérenniser les vestiges du peuple Yoko, Mindourou et Mbang était le dada de mon père mais il était tard pour que le pygmée continu à se cloitrer dans les forêts l'ère de la chasse et de la cueillette fût révolu. Notre père était une occasion de détromper ces cerveaux charançonnés qui, n'appréhendaient les femmes pygmées seulement comme celles-là qui machinalement extirpent du pubis et des aisselles, des poux qu'elles concassent machinalement entre les incisives à longueur de journée. C'est facile de répéter ce que les gris-poils vociféraient sans vérification. C'est quand même curieux que malgré tous leurs pillages et meurtres, personne dans les cantons ne se permit de leur lancer la grossesse, ni l'épilepsie, ni la *mousson*. Leur agressivité envers ceux qu'ils traitaient de sauvages n'avait que l'écho de la bienveillance maladive de ma race. Pour avoir été fait dans la forêt, les pygmées agissent *chlorophyliennement,* aussi que la forêt absorbe la pollution des pilleurs en leur renvoyant le vital oxygène, les pygmées sont aussi une pompe aspirante qui absorbe l'animosité des gris-poils et leur rejette l'hospitalité. Nous avions de par nos grands-parents un pacte de non-agression avec les Bamiléké qui nous achetaient le terrain avec de la fronde. Aujourd'hui, nous leur achetons les mètres carrés pour inhumer nos morts sans que cela soit un différend. C'est depuis que j'étais encore petite adolescente que notre père se confiait à moi. Moi seule connaissait cette histoire de son plat de Kwanindong, ils aimaient sans arrêt me dire de bien lire mon <u>Mamadou et Bineta</u>, de travailler à l'école, que les pygmées avaient aussi des instituteurs et hommes et femmes d'Etat parmi ses enfants mais qu'il fallait aussi bien pouvoir parler le Kako 'ô, la langue que lui avait laissé son père.

Table des matières

www.ingramcontent.com/pod-product-compliance
Lightning Source LLC
Chambersburg PA
CBHW031352160726
47993CB00002B/943